# 古代歷史文化研究輯刊

## 三二編

王明蓀 主編

## 第 **28** 冊

## 河南佛教寺廟（下）

王宏濤 著

國家圖書館出版品預行編目資料

河南佛教寺廟（下）／王宏濤 著 -- 初版 -- 新北市：花木蘭
文化事業有限公司，2024〔民 113〕
目 4+188 面；19×26 公分
（古代歷史文化研究輯刊 三二編；第 28 冊）
ISBN 978-626-344-891-9（精裝）
1.CST：寺廟 2.CST：佛教史 3.CST：河南省
618                                          113009494

ISBN-978-626-344-891-9

古代歷史文化研究輯刊
三二編 第二八冊                      ISBN：978-626-344-891-9

## 河南佛教寺廟（下）

| | |
|---|---|
| 作 者 | 王宏濤 |
| 主 編 | 王明蓀 |
| 總 編 輯 | 杜潔祥 |
| 副總編輯 | 楊嘉樂 |
| 編輯主任 | 許郁翎 |
| 編 輯 | 潘玟靜、蔡正宣 美術編輯 陳逸婷 |
| 出 版 | 花木蘭文化事業有限公司 |
| 發 行 人 | 高小娟 |
| 聯絡地址 | 235 新北市中和區中安街七二號十三樓 |
| | 電話：02-2923-1455／傳真：02-2923-1452 |
| 網 址 | http://www.huamulan.tw 信箱 service@huamulans.com |
| 印 刷 | 普羅文化出版廣告事業 |
| 初 版 | 2024 年 9 月 |
| 定 價 | 三二編 28 冊（精裝）新台幣 84,000 元 版權所有・請勿翻印 |

# 河南佛教寺廟（下）

王宏濤　著

目次

**上 冊**

第一章　中國佛教祖庭——白馬寺……………………… 1

第二章　禪宗第一祖庭——嵩山少林寺………………… 47

第三章　北宋皇家寺院——開封大相國寺……… 71

第四章　千手千眼觀音祖庭——平頂山大香山寺… 97

第五章　臨濟宗一脈單傳的福地——汝州風穴寺· 105

第六章　天下法席之冠，必指首山——襄城首山
　　　　乾明寺 ………………………………………… 113

第七章　菩提達摩的長眠之地——陝縣空相寺…… 119

第八章　三階教的發源地——寶山靈泉寺……… 141

第九章　須菩提祖師的得道之地——南陽菩提寺· 153

第十章　天台宗祖庭——信陽光山淨居寺……… 165

第十一章　地藏王菩薩的第二道場——嵩山
　　　　　大法王寺 ………………………………… 179


**中 冊**

第十二章　最古老佛塔所在的寺廟——登封嵩嶽
　　　　　寺 ………………………………………… 189

第十三章　禪宗祖庭——登封會善寺…………… 203

第十四章　中國現存最早的比丘尼道場——嵩山
　　　　　永泰寺 …………………………………… 211

第十五章　伏牛山下古今傳——洛陽嵩縣雲岩寺· 223

第十六章　南陽慧忠國師住錫的寺廟——淅川
　　　　　香嚴寺 …………………………………… 239

第十七章　丹霞天然禪師住錫的寺廟——南陽
　　　　　丹霞寺 …………………………………… 245

第十八章　唐密祖庭——洛陽大福先寺………… 253

第十九章　唐密祖庭——洛陽廣化寺…………… 271

第二十章　韓國唯識宗祖庭——龍門香山寺…… 283

第二十一章　玄奘法師受佛學啟蒙的寺廟——
　　　　　　偃師玄奘寺（唐僧寺）………… 293

第二十二章　歷史悠久的豫西古剎——伊川淨土
　　　　　　寺 ………………………………… 311

第二十三章　豫西名剎——宜陽靈山寺…………323

第二十四章　唐玉真公主創建的寺廟——偃師
　　　　　　上洞全佛寺…………339

第二十五章　聖王臺上的古觀音道場——汝陽
　　　　　　觀音寺…………349

第二十六章　法幢宗寺廟——洛寧羅嶺香山寺…359

第二十七章　白公修仙飛昇的聖地——偃師藏梅
　　　　　　寺…………363

**下　冊**

第二十八章　少林武學重鎮——偃師石溝寺……373

第二十九章　中央毗盧遮那佛的道場——大佛泉
　　　　　　寺…………377

第三十章　　唐代著名的比丘尼道場——洛陽安國
　　　　　　寺…………381

第三十一章　與日本京都南禪寺結緣的寺廟——
　　　　　　汝陽寶應寺…………397

第三十二章　洛陽唯一的文殊道場——汝陽雲夢
　　　　　　山文殊寺…………401

第三十三章　名寺與名校的奇遇——潭頭淨安寺·405

第三十四章　為仰宗在洛陽的法脈——東河觀音
　　　　　　寺…………409

第三十五章　為往聖續絕學——欒川白雲寺……413

第三十六章　豫劇《梵王宮》與洛陽天竺寺……417

第三十七章　唐代著名的翻經道場——洛陽天宮
　　　　　　寺…………425

第三十八章　道安法師弘法造像的道場——洛陽
　　　　　　興國寺…………433

第三十九章　三生石故事的發源地——洛陽孟津
　　　　　　慧林寺…………447

第四十章　　唐高宗李淵到訪還願的寺廟——滎陽
　　　　　　大海寺…………451

第四十一章　二帝親臨的「明月山城」——博愛
　　　　　　月山寺…………455

第四十二章　古老樂器「籌」的傳承——民權
　　　　　　白雲寺 ⋯⋯⋯⋯⋯⋯⋯⋯⋯⋯ 459

第四十三章　北宗禪在北方的文化遺存——洛陽
　　　　　　玉泉寺 ⋯⋯⋯⋯⋯⋯⋯⋯⋯⋯ 465

第四十四章　五十三峰環繞的聖境——鞏義慈雲
　　　　　　寺 ⋯⋯⋯⋯⋯⋯⋯⋯⋯⋯⋯⋯ 469

第四十五章　大伾山上的聖地——太平興國禪寺· 475

第四十六章　雲門宗在元代的遺響——新鄉輝縣
　　　　　　白雲寺 ⋯⋯⋯⋯⋯⋯⋯⋯⋯⋯ 479

第四十七章　風光旖旎的美麗寺廟——信陽羅山
　　　　　　靈山寺 ⋯⋯⋯⋯⋯⋯⋯⋯⋯⋯ 485

第四十八章　古塔與石窟交錯的神秘佛國——
　　　　　　衛輝香泉寺 ⋯⋯⋯⋯⋯⋯⋯⋯ 489

第四十九章　著名的地論學派道場——安陽洪谷
　　　　　　寺與修定寺 ⋯⋯⋯⋯⋯⋯⋯⋯ 493

第五十章　　金代鄭州臨濟宗的輝煌——鄭州普照
　　　　　　寺與洞林寺 ⋯⋯⋯⋯⋯⋯⋯⋯ 501

第五十一章　曇鸞大師擔任過維那的淨土宗祖庭
　　　　　　——鄭州超化寺 ⋯⋯⋯⋯⋯⋯ 509

第五十二章　臨濟宗白雲禪系祖庭——桐柏太白
　　　　　　頂雲臺寺 ⋯⋯⋯⋯⋯⋯⋯⋯⋯ 515

第五十三章　北宋磚雕藝術的代表——開封繁塔
　　　　　　寺 ⋯⋯⋯⋯⋯⋯⋯⋯⋯⋯⋯⋯ 519

第五十四章　律宗祖庭——洛陽吉利萬佛山石窟
　　　　　　寺 ⋯⋯⋯⋯⋯⋯⋯⋯⋯⋯⋯⋯ 541

第五十五章　北魏孝文帝建立的寺廟——鞏義
　　　　　　淨土寺 ⋯⋯⋯⋯⋯⋯⋯⋯⋯⋯ 551

後　記 ⋯⋯⋯⋯⋯⋯⋯⋯⋯⋯⋯⋯⋯⋯⋯⋯ 559

# 第二十八章　少林武學重鎮——
## 偃師石溝寺

在偃師緱氏鎮與鞏義魯莊鎮之間，有一個顧家屯村，村裏坐落著一個風光優美的佛寺，這就是石溝寺。傳聞西魏（535～556）有一高僧名慧根，由西向東弘法，經過此地有感，遂在此創立寺廟，為此寺之始。也有傳聞說建於隋末唐初。石溝寺到底建於何時已經無法考證。

### 一、伊王龍潛石溝寺尼寺

明代石溝寺為尼寺。明萬曆二十六年（1598）的「重修石溝禪寺碑記」記載，石溝寺原來是個觀音堂，明英宗正統年間（1436～1450）有個叫圓亮的比丘尼，從此經過，看到觀音堂無人居住，就在此住了下來。明代宗景泰年間（1450～1457），其弟子可議重修過。到了明武宗正德年間（1506～1522），藩居洛陽的伊王曾到寺廟「龍潛」，這個伊王，就是伊莊王 朱籲淵（1511～1526年在位），朱籲淵堂堂一個王爺，怎麼會到一個偏僻的尼寺去「龍潛」？查史料可知，他的父親伊定王朱諟鋊在正德三年（1508）年去世，死三年後朱籲淵才接任伊王位，可見王位爭奪十分激烈，朱籲淵到觀音堂躲避，可能與此相關。

朱籲淵出任伊王後，「喜施資財，開拓洪基，妝飾金容，易名曰石溝禪寺。」可見由觀音堂改名石溝禪寺，當是在朱籲淵出任伊王的1511年。由於朱籲淵的幫助，石溝寺建的十分壯麗：「殿宇森嚴，煥然一新，彼一時也，何其盛歟？」

　　但到了萬曆年間，時隔八九十年，寺廟就因為「世遠年深」而出現了「牆垣損壞，殿楹頹傾」的局面。當時鞏縣魯莊的信徒業木藝「目睹凌夷，慈念勃興，毅然以獨立以整。」發心修復寺院，當時的住持尼師普恩等協助募化，修成的寺院「梵剎重重，一時巍峨最盛，金容不改千年綿延長新。」「實乃中州畫屏之翹楚也。」又恢復了當初的盛況。

## 二、成為少林寺下院

　　進入清代，石溝寺被少林寺接管，變為了男眾寺院。這個轉變，應當是和明末清初的戰亂有關，兵燹所至，尼僧逃散。局勢穩定後，少林寺接手石溝寺，變為下院，男僧入住，並得到了徐氏家族的支持。乾隆二十年的《創建觀音殿並重修碑》記載，康熙四十年（1701），徐鳳格在其兒子的協助下，在石溝寺創建了觀音殿。石溝寺原名觀音堂，原本就有觀音殿，可是現在卻說創建觀音殿，說明石溝寺在明末戰亂中破壞非常嚴重。碑文還記載，雍正六年（1728），徐祚璋、徐祚弘兩兄弟在其子徐法旺、徐法貴的幫助下，重修了石溝寺，住持慶元於乾隆二十年九月立碑紀念其功德。

### 石溝寺大雄寶殿

　　清道光八年（1828年），滿清大員麟慶祭中嶽後至少林訪禪，請時任住持湛峰並一眾武僧演練少林絕學。住持無法推脫，請出湛謨、湛洛、湛林、湛舉等演武，麟慶當場為絕技所驚。演武后，寺院住持湛峰擔心因此而給少林招來禍患，將負責授徒的海發、湛謨，則帶領眾弟子隱居在位於偃師的少林寺下院石溝寺中，傳授「心意把」絕學。

　　海發、湛謨重修石溝寺的石碑至今仍存。清道光十七年（1837）年的《重修大佛殿暖閣碑》記載：「廟貌之傾頹者恒新，而暖閣之廢壞者如故。」可見從雍正六年到道光的百年間，寺廟建築屢破屢修，保持完整，但大佛殿的暖閣卻因無人維護而破爛不堪。碑文記載，大家捐資所修的項目有門窗、門階，住持海法出資，更換了角門，復建了門樓，工期長達數月。當時負責工程的還有海法的弟子湛謨和湛林。

　　道光二十一年（1841），信士徐景春、徐景和、徐景陽、徐景順、徐景明出資修復了伽藍殿，並金妝神像，當時的住持仍然是海法和尚。可知徐氏家族至少自清代以來，就是石溝寺的大功德主，主持了康熙、雍正、道光年間的維修。

　　清末石溝寺與少林武僧關係密切。1869 年，少林住持湛峰及少林武僧湛謨為防少林遭遇滅頂之災，對少林武學作出了「寂勤備份」，命精心培養的弟子寂勤打出少林，還俗民間，確保少林絕學嫡脈不失。按照少林寺的傳統，要想出寺，必須憑藉武功打出少林寺，擊敗守護各門的武僧，才能出寺。寂勤出寺後，曾到石溝寺暫時居住。後來還俗，恢復原名吳古輪，回到故鄉府店鎮東管茅村定居，將少林「心意把」絕學傳播於民間，民間稱為「古輪拳法」，流傳至今，在 2014 年，第十屆中國鄭州少林國際武術節中，古輪拳法第五代傳人吳南方的弟子們向世人展示了古輪拳法體系中的諸多套路，獲得了 4 金 5 銀13 銅的佳績。

### 貞俊法師像（1865～1939）

　　清末石溝寺還走出了著名武僧貞俊（1865～1939）。貞俊，號秀山，俗姓李，河南偃師縣緱氏鎮玉灣村人。同治十一年（公元 1872 年），因偃師大旱成災，官吏逼債，民不聊生，母親含淚送他出家，到石溝寺為僧，拜淳陽法師為師，賜法名貞俊。光緒五年（公元 1879 年）貞俊到少林寺拜寂然（號曉空）大師座下為徒學武，善練大洪拳、通臂拳、炮拳、心意把、銅錘、月牙鏟、雙鉤、春秋大刀、九節鞭、繩鞭等。貞俊法師還精通醫科，對少林跌打損傷秘方廣泛用於臨床，凡聞其習武受傷者，即登室救之，對其貧者概不收錢。他也常自費製備成藥，出診四方，為民眾醫疾，從不收禮。貞俊於 1939 年圓寂，享年 74 歲。

　　中華民國時期，寺院破敗，但還住僧七人，擁有土地六十多畝。文化大革命期間，寺廟被徹底摧毀，貞富等僧人被改造，只有貞常與貞寬兩人因年邁而守寺，兩人在文革期間先後圓寂。改革開放後，落實了宗教信仰自由政策，1987年，僧人傳慧應村民之邀請，入住石溝寺。傳慧法師原名楊維錄，甘肅會寧縣人，年 18 歲在偃師藏梅寺拜遠厚法師剃度出家，受戒於洛陽白馬寺，1987 年入住石溝寺後，陸續恢復寺院建築，三十年間，陸續恢復了大雄寶殿（1989 年重建）、觀音殿、伽藍殿、貞公殿、寮房、院牆和山門，初步恢復了寺院的格局。現在寺院擁有石碑七通，窯洞五孔，明末清初的皂角樹一棵，七層塔基。

# 第二十九章　中央毗盧遮那佛的道場
## ──大佛泉寺

## 一、與夢有緣的佛泉寺

中原大佛

今天，魯山縣的中原大佛已經廣為人知，大佛周圍連綿群山環抱，遠看似九重蓮花盛開。

但中原大佛的修建緣由，需要交代。知情人高志其先生在其大作《世界和平大佛誕生記》中介紹的很詳細：「嵩山腳下的大法王寺的住持釋延佛法師早年在嵩山老母洞修行時，曾做過一個印象很深的夢。他夢見自己站在嵩山四處眺望，忽然前方金光閃閃，一柱擎天巨佛立於群山之中，遍灑甘露，面目慈祥端莊。」延佛法師在向趙樸老說起這個事情時，趙樸老告訴他「五方佛」即「東方世界的阿眾佛，南方世界的寶生佛，西方世界的阿彌陀佛，北方世界的不空成就佛，中央世界的毗盧遮那佛」，當時西方有四川樂山大佛，東方有無錫靈山大佛，南方有香港天壇大佛，北方有鶴壁伾山大佛，如果能夠建立起河南中原大佛，就「能使五方五佛在華夏會齊，善莫大矣。」

延佛法師得到了河南天瑞集團董事長李留法的支持。天瑞集團本來就是以金屬鑄造起家的，接受這個任務後，緊張施工。2004 年 4 月初八釋迦牟尼佛聖誕日，中原大佛毗盧遮那終於建成了。它位於河南省魯山縣境內，從魯山縣向西，在幾裏外就能看到聳立於群山之中的「毗盧遮那佛（即大日如來）」的法身露天銅像。

## 二、佛泉寺景點簡介

### （一）山門

佛泉寺山門為中式建築，門前有一小河潺潺流過。山門匾額「佛泉寺」三字為趙樸初先生所題寫。山門口左右站有護法神哼哈二將。抿嘴的為哼將軍，張嘴的為哈將軍。他們本為來自印度的密跡金剛力士與那羅延天王。到中國後被道教尊為俗傳的哼哈二將。明清以後逐漸固定於山門口把守山門。

### （二）鐘樓

從老遠便可以看到佛泉寺的鐘樓，它位於寺廟東側，從山門的位置看，它半身掩映於綠樹之中，從山腰方能看清其全貌。

裏面懸掛著著名的吉祥大鐘。它由北京博物院設計，香港、澳門特別行政區區徽的設計者蕭紅奉獻圖文，大鐘高 8.108 米，直徑 5.118 米，重 116 噸。吉祥鐘是世界上最大的外擊式青銅鐘，已經成功申報吉尼斯世界紀錄，並獲得證書。

鐘樓

## （三）天王殿

　　和一般寺廟的格局類似,進入山門後的第一重殿閣即為天王殿。天王殿的主尊為彌勒佛。按照佛教的說法,他是接替釋迦牟尼的未來佛。負有延續佛法的使命。《彌勒下生經》記載,彌勒菩薩未來將在翅頭末城的龍華樹下成佛。他當下居住於兜率天宮,度有緣人到彌勒淨土,將來一同隨其下生。我國高僧玄奘、窺基等眾多高僧均發願往生彌勒淨土。彌勒佛原本的形象為瘦身佛裝,著名的河南伾山大佛和四川樂山大佛都是瘦身的樣式。但據傳宋代時有一胖和尚契此為彌勒的化身,從此逐漸改為胖身彌勒。

　　四大天王眾所周知,為多聞、增長、持國、廣目四位天王。負責守護天庭北、南、東、西四天門。

## （四）大雄寶殿

　　佛泉寺大雄寶殿巍峨壯觀。裏面供奉的主尊是三世佛。中央釋迦佛,左側阿彌陀佛,右側藥師佛。左右兩側是十八羅漢。大殿背後是著名的海島觀音。她站在著名的羯摩魚頭上,印度傳說此魚一動則翻江倒海,地動山搖。故由觀音站立其頭部,震懾其不能亂動。觀音左右站立著善財童子與小龍女。

## （五）福慧大道

　　福慧大道,(俗稱朝佛大道),寬30米,長999米。先是66級臺階,後9

米平臺，取朝佛之路六六大順，久久平安之意。再往上是 365 級臺階，代表一年 365 天。按每個月的天數分為 12 組臺階 12 個平臺。朝佛者每登一個臺階，就可以更多的看到大佛，離大佛也就越近。取朝佛之路步步有希望，步步有收穫之意。登上最高的 12 月平臺，就來到了普禮臺（俗稱拜佛臺），是一個邊長為 200 米的正方形平臺，中間是高 2.6 米，直徑為 81 米的禮佛壇。這裡是朝拜活動的主要場所，香客在這裡可以近距離朝拜大佛。

### （六）中原大佛

中天毗盧遮那大佛身高 108 米，蓮花座高 20 米，金剛座高 25 米，須彌座高 15 米，總計高度為 168 米。其中金剛座內分為三層，每層具有九個殿，三個拜佛臺。

每個拜佛臺皆有 300 平方米，氣勢之雄偉，前所之未有。其下則為須彌座，佔地面積 6680 平方米。整座佛像總投資 2.8 億元人民幣。佛身用黃銅、紫銅 2700 噸、黃金 600 公斤，為抗震、防風、防災以 3700 噸鋼材作為內部的支撐結構。

當地文獻稱，寺廟本為古寺，始建於唐初，因附近有著名的溫泉（上湯溫泉）而興起，後因戰亂而廢棄。如今因緣具足，又重新繁榮。

# 第三十章　唐代著名的比丘尼道場
## ——洛陽安國寺

　　看過日本動畫片《聰明的一休》的朋友，一定知道，一休居住的寺廟，叫做安國寺，位於日本京都。其實，日本安國寺的名字，源於中國唐代的安國寺。唐代東西兩京各有一座安國寺，都稱為大安國寺，屬於皇家寺廟。所不同的是，長安安國寺是男眾寺廟，洛陽安國寺是比丘尼寺廟。

## 一、唐代著名的比丘尼道場

　　關於洛陽安國寺，《元河南志》的「宣風坊」條有記載：「安國寺，舊在水南宣風坊，本隋楊文思宅，後賜樊子蓋。唐為宗楚客宅，楚客流嶺南，為節愍（mǐn）太子宅。太子升儲，神龍三年建為崇因尼寺，復改衛國寺。景雲元年改安國寺。」〔註1〕

　　也就是說，安國寺原為隋朝貴族楊文思的宅第，位於洛河南部的宣風坊，楊文思去世後，隋煬帝將此宅賜給東都留守樊子蓋。唐朝時，此宅歸戶部侍郎宗楚客，宗楚客被流放嶺南後，此宅歸唐中宗節愍太子李重俊所有。神龍三年（公元707年），李重俊死於宮廷政變，此宅改為崇因尼寺，後又改為衛國寺，景雲元年再改名為安國寺。

　　《唐會要》卷48《寺》：「安國寺，宣教坊。本節愍太子宅。神龍二年，立為崇恩寺，後改為衛國寺。景雲元年（710）十二月六日，改為安國寺。」〔註2〕

---

〔註1〕（清）徐松輯，高敏點校：《河南志》，北京：中華書局，1994年6月，第24頁。
〔註2〕（宋）王溥著，牛繼清校證：《唐會要校證》，西安：三秦出版社，2012年5月，第724頁。

唐代時安國寺位於宣教坊（今牡丹橋南矗灣附近）。《唐會要》的記載與《河南志》稍有不同，大體一致。

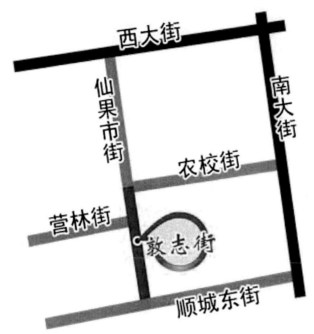

引自洛陽晚報（2011 年 3 月 5 日，銀剛繪製）

節愍太子李重俊（？～707 年），唐朝宗室，唐中宗李顯第三子，生母不詳。李重俊早年歷封義興郡王、衛王，拜洛州牧，神龍二年（706 年）被立為皇太子。但因不是韋后親生，頗受猜忌。安樂公主、武三思等人也多次試圖陷害他，使他的地位受到威脅。

神龍三年（707 年）七月，李重俊與李多祚、李承況、獨孤禕之等人發動兵變，誅殺武三思父子，而後攻打宮城，意圖殺死韋皇后等人，卻被阻於玄武門外，因士卒倒戈而失敗。他逃奔終南山，中途被部下殺死。睿宗上臺後的景雲元年（710），追諡李重俊節愍太子，與章懷太子李賢、懿德太子李重潤並稱唐代具有悲劇色彩的三位太子。

唐代的安國寺可能一直是女眾道場，即《河南志》所說的「崇因尼寺」，景雲元年（710）改為安國寺。為何要改為「安國寺」？梁子先生對長安大安國寺的分析，可以提供借鑒。他引《增訂兩京城坊考》的記載「大安國寺，睿宗在藩舊宅，景雲元年（710）立為寺，以本封安國為名。」〔註3〕認為在長安

─────────────────────

〔註 3〕徐松撰，李健超注《增唐兩京城坊考》，三秦出版社，2006 年，第 111 頁。

五年（705），「五王政變」，迫使武則天退位，相王李旦翊贊有功，被新中宗李顯封「安國相王」。這就是「安國」之名的緣由。五年後，李旦登基後，便將邸宅改為寺院，以安國名之。梁子認為，睿宗採取了與中宗不同的執政路線，與武周政權劃線較為堅決，安國寺的建立實有旌表紀功，弘張李唐的政治標向。〔註4〕洛陽安國寺的改名，與長安安國寺同為睿宗李旦登基的景雲元年，其用意都在於昭示新皇的新氣象，更帶有與武則天所建立的福先寺相比較的意味。所以安國寺的存在，就是李唐正統觀念在東都佛教的象徵。所不同的是，長安安國寺是男眾寺廟，而東都作為下都，安國寺為比丘尼寺。洛陽安國寺有許多貴族女性在此出家，知名的有以下幾位：

### 洛陽安國寺大雄寶殿

《大唐大安國寺故大德惠隱（658～734）禪師塔銘並序》：

> 禪師俗姓榮，京兆人，其家第四女也。祖望北平，曾祖權，隨金紫光祿大夫、散騎常侍、兵部尚書，東阿郡開國公。祖達緒，銀青光祿大夫，使持節息、始、洪諸軍事，三州刺史，東阿郡開國公，叔祖思九，黃門侍郎；父懷節，夷州綏陽縣令，外祖韋氏，字孝基，皇中書舍人，逍遙公之孫也。

> 禪師聰識內敏，幼挺奇操，粵自齠齔，敬慕道門，專志誦經七百餘紙，業行精著，簡練出家，自削闍染衣，安心佛道，尋求法要，

---

〔註4〕梁子：《唐京師大安國寺晚唐政教地位蠡測》，《世界宗教研究》，2014年第3期。

歷奉諸師，如說修行，曾無懈倦，捐軀委命，不以為難，戒行無虧，冰霜比潔，或斷穀服氣，宴坐禪思，或煉臂試心，彌堅其志，動靜語默，恒在定中。凡所施為，不輟持誦，雖居有漏，密契無為，雅韻孤標，高風獨遠。嗚呼，驚波不息，隙影難留，生滅無恒，遽隨遷謝。開元二十二年（734）七月十一日，壽終於安國道場，春秋七十有六，右肋而臥，奄然滅度。臨涅槃時，遺曰：「吾緣□□師僧、父母，並在龍門，可安吾於於彼，□與□□尊者同一山也。」弟子尼圓德，博通三藏，才行清高，生事竭仁孝之心，禮葬盡精誠之志，追痛永遠，建塔茲山，縱陵谷有遷，庶遺芳不朽，乃為銘曰：

至道希夷，代罕能窺，探秘究妙，夫惟我師，爰自齔年，訖於晚歲，精念談攝，虔誠不替，肅肅戒行，明明定惠，淨業滋薰，與佛同契。逝川不駐，隙駟難留。奄隨運往，萬古千秋。嗟永感而無極，式雕紀於芳猷。

惠隱法師圓寂於開元二十二年（734），享年 76 歲，可以推知，她出生於公元 658 年，即唐高宗顯慶三年。安國寺 707 年才成為寺廟，當時惠隱法師已經 50 歲了。她極有可能就是成立寺廟後的第一代僧人。從「斷穀服氣，宴坐禪思，或煉壁試心，彌堅其志，動靜語默，恒在定中」這樣的語句，可知她有辟穀、服氣這些道家的修行方式，同時重視禪定。惠隱臨終前，希望能與「□□尊者」安葬在同一山，可惜兩個關鍵字的失去，讓我們無法確定惠隱信仰的具體傾向。另外，碑文稱東都安國寺為「大安國寺」，說明了其皇家寺院的身份。長安的大安國寺是男眾寺院，東都大安國寺是女眾寺院，這也符合洛陽作為下都的政治地位。

《唐故安國寺大德盧和上依止弟子尼悟因（694～739）墓誌銘並序》：

師法號悟因，俗姓李氏，趙國高邑人也。曾祖孝卿，皇宜、谷二州刺史，祖敬玄，皇中書令，父思沖，皇工部侍郎，幽谷象先，業臺鼎盛，增華奕世，永煥□冊。尼師□靈高門，夙秉柔訓，□藝事之專美，固禮範之□□，□笄有行，適滎陽鄭□，皇襄州參軍，□兩洽□，洛北旋空，稱家飾具，遷夫及祖已，而□情協禮，宿願諧真，開元十六年（728）乃依止姨母於安國寺大德盧和上剃染歸道，及於華嚴寺大和上受一乘法，婆婆若海，捨筏之詮畢論，故能外觀□相，內□六空，喜慍莫形，去來皆脫，粵不思議，於開元二十七

年（739）己卯四月壬戌朔二十六日丁亥，結夏在寺，畢招懿親，無疾而滅，春秋四十五，蓋僧臘有九，門徒□泣，內外驚悼，季弟翰，踴絕於地，號彼穹□，哀子□□，哭無常聲，吹□□□，以其年五月壬辰朔五日丙申，安厝於河南縣龍門鄉北原，金棺首途，等拘□□，□□右繞，石城題志，俟多寶乎踴出。銘曰：

正見希有，大緣難遇，契最上乘，離三滅趣。弘茲覺海，依乎道樹，□棄人寰，空纏孺慕。

悟因尼的爺爺李敬玄，和節愍太子李重俊、鎮國將軍李多祚一起發動政變，誅殺了武三思父子，但被中宗鎮壓。政變失敗後，李重俊、李多祚、李敬玄均以謀反罪被殺，連累兒子、女婿也失去性命，上文中的「遷夫及祖已」就是證明。悟因的丈夫鄭某，應該也是因此事被斬的，悟因的出家為僧，可能也是被迫的。但睿宗李旦上臺後為他們平反，因此才能立碑立傳。悟因選擇以節愍太子的故居而成的安國寺出家，是不是和其爺爺李敬玄與李重俊的緊密聯繫有關？她的丈夫與爺爺都效忠於李重俊而被殺，住在這樣一個與他們家族關係重大的寺廟裏，我們不難體會當時她的複雜感情。悟因尼「於華嚴寺大和上受一乘法」，「一乘法」指的是華嚴宗，華嚴學自稱自己是一乘圓教，從而可知悟因之學，所宗是當時流行的華嚴學。

《大唐故東京安國寺真律師（703～756）墓誌銘並序》

律師諱志真，族蘇氏，京兆武功人也，睦州長史頤之曾孫，貝州司馬倫之孫，鄭州陽武縣令太素之第五女。覺自天正，□以智聞，是心得空，即身見法，初陽武薨，二十律師在家，乾肝泣血，殆幾滅性，左右或相敦喻，異其□禮。律師露電其相，木石乃心，以為洞寂滅者，上乘；念裒膏者，小孝。因潛詣佛所，剪其雙髻，憑慈氏之佑以報昊天之德。且三年喪，有跛及者，況終身乎四句偈？有演說者，況妙用乎非夫？成空中之空，孝外之孝，則孰能□□性相之□，盡志勞力之外？若斯之至矣，若乃深諦，四分攝念六牙，恬淡馨香之想，清淨人天之業，固可以轉變龍天，權衡芯□，何此生之有涯，而我法之不住？以天寶十四載（756）八月十一日歸□於東京安國寺，粵十一月廿七日安神於河南縣龍門之西原，示人有終也。凡享年五十二，戒臘三十三，元兄前南陽縣令魏客率性以友，弘道以仁，徵於□詞，□彼貞石，銘曰：

禮□□道，孝因心行，無常□□，難忱龍門，寒□□水深，白
露□□，青□□□，□□□我，師終古今。

志真尼（703～756），鄭州陽武縣令蘇太素之第五女。因父親去世而看破
紅塵，「露電其相，木石乃心」，年二十，剪髮出家，信奉彌勒淨土。碑文題目
稱之為「真律師」，可知其主要修律學。

《唐故安國寺比丘尼性無相（714～773）墓誌銘並序》：

比丘尼性無相，族秦氏，京兆雲陽人也，其先著於史諜，曾祖
惟忠，祖簡，父純孝，皆以武補為西垂將，貞固靖難，於今賴之。
闍梨即純孝之長女也。聰惠明辯，自幼而異，禮樂道德，及長彌深，
年十六，歸於吏部侍郎鄭公齋嬰，有子曰日華，三歲而侍郎薨，居
喪拯哀，終制入道，□□行潔，心融氣和，盡有漏之餘，□得無相
之正性，故以性無相為出家之號，大曆八年（773）七月二十六日寢
疾歿於河南縣宣風裹之私第，春秋五十九，具戒七夏，臘其年，八
月六日葬於龍門畢圭鄉之原，禮也。而日華始以戶部員外郎致仕奉
喪。嗚呼，淨土神生，心無繫矣，喪主子也，情何異焉。銘曰：

其生若來，其死若歸，以來而歸，余孰知其是非。

性無相，俗姓秦，年十六嫁與吏部侍郎鄭齋嬰，生有子名日華，日華三歲
那年，鄭齋嬰去世。秦氏後來半路出家，法名性無相，僧臘只有七年。圓寂在
宣風裹自己的私宅裹，可能是兒子鄭日華接去的，也可能與出家時間不長，沒
有收到弟子，或弟子年齡太小有關。

《有唐東都安國寺故上座韋和上（圓淨725～784）墓誌銘並序》：

世諦之崇，莫先於閭閻；女士之重，孰勝於嬌奢。捨斯浮競之
門，詣彼真如之境。若非習性綿遠，見解自然者，則何能致是也，
我上座得之。上座俗姓韋氏，法諱圓淨，京兆南人也。祈房之祖曰
南邸公，譜□著八族之雄，封勳居五等之最。曾祖知人，皇朝司庫
員外郎贈職□郎中。列祖絙皇朝散大夫，丹州別駕。物無終盛，時
有曲伸。父安時，皇亳州永城縣丞。德高位下，時望攸孤。上座即
永城第二女也。積善之門，誕斯名德。神標冰雪，量含江海，幼懷
奇志，長而彌堅。年十四，辭家入道，依止本寺李上座為授業和上。
和上即己王之女，玄宗諸姑，族貴行高，參學匪易。而韋氏特蒙奇
之。即根基之利，事可知也。半戒具戒，受必依年。虔心秉持之儀，

苦節毗尼之藏。洎乎中歲，學精業就，思得魚而忘筌，乃□流而捨筏，踰有相之小乘，樂無聲之妙理。□於言下，見識種於心田；行出緇流，植善根於意業。時議所推尋為本寺大德，建中二年（781）九月二十八日，補本寺上座，允門人之望，愜寺眾之情，衣冠士族，無不仰其德也。至興元元年（784）十二月十四日，棄南閻之穢境，歸西方之淨域。神捨此而生彼，壽奄然而有終，享年六十。斂柩於律院之東堂，為後人會臨之所。長老童蒙，無不流涕，以興元二年正月十日，安神於龍門天竺寺西南原，禮也。弟子契虛，上座姐之子也，幼稚而孤，賴其訓育，繼姨母之高躅，為□來之律德。哀罔極而難□，哭晨昏而不絕，弟子明粲，上座之從妹也。弟子澄照，痛陵谷之不常，託斯文於貞石。銘曰：

真理玄微，無□莫契，惟彼鼎族，誕此智惠，幼秉志節，長而不替。脫略世榮，爰求真諦。優游泯物，洞澈止持。威儀行業，為時之師。寺之所尊，實唯上座。□施於人，德歸於我。繼師居位，網統祇園。訓誡緇侶，敷暢道源，生滅何常，幻泡非固。恩斷閻浮，業成淨土，毗尼藏下，方等壇邊，一燈將滅，誰其繼燃？寂滅可樂，塵心自哀。蒸蒸孝子，奉神山隈。悲嚎罔訴，顧親徘佪，願勒銘於幽使，庶□德於後來。

## 日本安國寺

　　韋和上法名圓淨，十四歲出家，依洛陽安國寺李上座為師。李上座是紀王李慎的女兒，李慎是唐太宗的第十個兒子。〔註5〕論輩分，則李上座確為唐玄宗的姑姑，推測是由於害怕武則天的迫害而出家為尼的。碑文說李上座「族貴行高，參學匪易。」能夠成為她的弟子，是很不容易的。從「虔心秉持之儀，苦節毗尼之藏」的表述來看，圓淨初所學為律典，因為毗尼的全稱作「毗奈耶」，是「律」的意思。到了中年以後，則捨棄律學，轉向禪學。「洎乎中歲，學精業就，思得魚而忘筌，乃□流而捨筏，踰有相之小乘，樂無聲之妙理。□於言下，見識種於心田；行出緇流，植善根於意業。」因為律宗所依的《四分律》，屬於印度的小乘戒律，故有文中「小乘」之語，而禪宗則以「心」傳「心」，時人以為得魚忘筌。圓淨由律轉禪的經歷，正反映了八世紀禪宗的崛起。下文我們還要論及，圓淨皈依的禪宗，可能是神秀—普寂系的北禪。她有弟子契虛，可能與下面要講的契微屬於同一輩。

　　《唐故東京安國寺女尼契微和尚（720～781）塔銘並序》：

　　　　和尚俗姓權氏，法諱契微，天水略陽人，十代祖安丘敬公翼為前秦僕射，事備載記。曾祖文誕，皇朝銀青光祿大夫、涪常二州刺史、荊州都督府長史、平涼郡開國公。祖崇本，皇朝散大夫、滑州匡城縣令，與兄戶部郎中崇基、水部員外郎崇先，皆以文學政事顯名於貞觀、永徽之際。考同光，皇朝河南縣尉、長安縣丞、翰林祥定學士。與伯兄益州成都縣尉無侍；仲兄歆、桂、梓三州刺史若訥，三人同以大名舉進士擢第，文章之美，為當時冠首。然其世德鍾慶，若後無達者，則有以清淨住世。故和尚生而敏悟，超然元覺，年九歲於薦福寺金剛三藏，發心入曼茶羅道場，傳持聖印，悟入之遠，發於岐嶷。

　　　　然其德容具舉，家族敬異，將必擇卿士之良者以嬪之。時勇於出世，至欲刃其膚以自免。翰林府君既捐館（死去），母兄竟不能抑，遂以初笄之年，被服縞褐，至天寶元年，始受具於福先寺定賓律師，隸東京安國寺，師事比丘尼無勝，受心門方便之學，以為心實境。化真由妄遣，遣之而真亦隨盡化之，而心乃湛然。故外示律儀，內循禪悅，因初心而住實，智離有相而證空，法乃通四部經於宏正。

---

〔註5〕趙青山：《唐故東都安國寺大德尼法真墓誌銘並序考釋》，《敦煌學輯刊》，2015年第1期。

大師尤精楞伽之義，而後住無住證，洗六妄，離二邊，遵大道以坦蕩，入法流而迴復，以深惠善誘誨學徒，或權或實，為歸為趣，亦猶淨名之隨機攝導，蜀嚴以忠孝為言。故中外族姻，遍沐其化，漸漬饒益，可勝道哉？

　　初以廣德中，隨其家南渡，安居於蘇州朱明寺，以建中二年九月六日冥然化滅，報年六十二，經夏四十一，弟子尼惠操，又其兄子也，故探其義味最為深入，乃率籲緇俗，號捧金身，建塔於東武邱寺之東北崗，從其教也。侄孫德輿以為，宣父有西方聖人之說，東漢有浮屠仁祠之教。以其教言之，自菩提達摩七葉至大照祖師，皆以心法秘印迭相授受，故戒生定，定生惠，得第一義者，沖而詣之。鳴呼，今其詣之矣。桑門紀述多不分系譜，今備書者，亦所以無忘先德，故其文也繁。銘曰：

　　教旨清淨，戒珠圓映，識浪情塵，還源返性，彼一切見，皆妄想生，精修密詣，湛而融明，示現者何？此身非久，強為之銘，以焯於後。

契微尼圓寂於建中二年（781），享年六十二歲，依此推知，她生於唐玄宗開元七年（719），剛好是密宗大師金剛智來華那一年。法師出生於官宦家庭，書香門第。九歲就在長安薦福寺金剛智三藏面前，歸心佛教。734年時為十五歲，父親已經去世，法師以死相逼，終於出家。到天寶元年（742）在洛陽福先寺受具足戒於定賓律師，成為東京安國寺的尼僧，老師為無勝比丘尼，「外示律儀，內循禪悅」，熟悉四部經典，尤其精通楞伽經。從其侄孫權德輿「以其教言之，自菩提達摩至大照祖師」句可知，契微最後歸心的是禪宗北宗神秀──普寂一系，因為「大照祖師」就是普寂。這個時間非常有意思，早在安史之亂前，禪宗南宗神會大師北上洛陽，與禪宗北宗神秀系的普寂、義福爭奪正統。習慣上的說法是，安史之亂後，神會就已經取得了勝利，南禪取代了北禪。可是，我們在洛陽安國寺看到的禪宗傳承，竟然還是北禪的譜系，這麼有影響的寺廟都還在傳承北禪，說明北禪的衰落，是個長期的過程，絕不是被南禪一擊而敗的。

《唐故東都安國寺大德尼法真（731～814）墓誌銘並序》：

　　侄前鄭州新鄭縣尉彤撰

　　有唐東都安國寺大德尼法真，元和癸巳歲月建丑既望，之又九

日，東首加服寂滅於毗維離精舍，享年五百甲子，僧律六十四夏。
呼嘘！邦國殄瘁，哲人其萎，慧日韜光，大師俄逝，泉涕雷痛，識
與不識。大師俗姓裴，曾祖邢州長史公繹，烈祖袁州刺史贈潤州刺
史無晦，皇考懷州刺史贈鴻臚卿恂，大師則懷州府君之次女也。以
檀波羅密勝福，生豪族大家，以過去無量阿僧祇劫，供養燃燈佛所。
故捨俗歸道，在家則宗親儀範，長幼具瞻，使閨門之內穆穆悌悌。
及入佛知見，為法舟船，大拯群迷，破諸昏暗。盲者得視，愚者離
癡。教誘多門，方便無礙。真一雨之閨，眾品皆榮；何大夜之催，
神祇不福。族黨無主，教法安歸？哭於皇天，天胡降喪。家之政，
人之理，佛法之津梁，自此滅矣。門弟子見用等，獲聞秘密，早沐
慈仁。忽痛其於終天，願藏舟於夜壑。元和九年正月二十五日葬於
河南縣龍門山之宗谷。遵遺旨也，以彤恩深猶子，備詳聞見，銜哀
編次，實而無文。銘曰：

　　教法將頹，魔軍大來。破度脫舟楫，焚生死劫灰。雖寂滅之為
樂，終愛別分可哀。猶自彤，當買臣負薪之歲，在顏子陋巷之中。
無貨財為禮，無筋力為容。既乖執紼，不及送終。哭望輴車，維嵩
之東，千秋萬古，白日青松。

## 陝縣安國寺

　　2007 年冬，尼法真墓誌在龍門西山出土。題為《唐故東都安國寺大德尼
法真墓誌銘並序》，提供了安國寺尼法真的生平簡介。尼法真生於開元十九年
（731），圓寂於元和九年（814），享年 83 歲，出家 64 年。趙青山先生根據其

圓寂前面向西方，推斷其信仰西方淨土，是可信的。〔註6〕法師俗姓裴，生於「豪家大族」，父親是懷州刺史、鴻臚卿裴恂。

1920 年，洛陽龍門南郭寨村出土了一通石碑《唐東都安國寺故臨壇大德塔下銘並序》，裏面介紹了墓主尼澄空（737～793）的生平。

> 安定梁寧撰，姪宣德郎前秘書省校書郎閱書
>
> 律德號澄空，長安功德寺尼淨因之子弟，姓皇甫氏，世乃予之郡人也。贈揚州都督諱瓘之愛女。元兄浙東觀察使兼御史大夫、贈太子太師、邠國公曰溫，勳業恩榮，光於史諜。師幼無華飾，性與道俱。未式又以持心，元身淨而進戒，宗崇福疏，誦讀精通，總諸部律，周微制心。洛中事法嘗闕，共難其人，蓋求者多而讓者寡。師以疾辭之而不免，皆舊德之所與也。首度弟子尼道微，念茲慧悟，庶可傳持，堂置法筵，身移正寢，永為弘闡，將利後徒。事未行而報齡謝，業已著而理命從，致真俗之情禮矣。貞元九年夏四月二十六日，委順於本寺所居院。享年五十七，自恣三十四。懷菩薩行，體物歸根。奉毗尼藏，臨終無懼。秋八月癸酉，就窆於龍門西南之蘭若，居大智和尚塔之右，金剛三藏塔之左。若隱香山、乾元等寺，得清岡之勝界，其赴葬斂，皆知法同人，修行上德。物無才用，禮備檀供。姪女子沙彌契源，教育恩深，執喪孺慕，暨戒依緇侶，殞叩呼天。於戲！慎所從也，弔惟名聞。周所惠也，哭無虛慟。大理評事弟涓，秘省校書姪閱等，哀申至行，見託泉銘。謂予敬知，不以文屬。辭曰：
>
> 慈善道品，閑微律儀。優游四梵，調伏七支。智度方便，菩薩父母，灌育成實，當生淨土。卜建靈塔，葉從名山。朝踞形遠，龍禽勢全。晨昭旭日，世閱伊川，嗚呼自性，與月常圓。

碑文講，澄空是長安功德寺尼德淨因的徒弟。父親皇甫瓘曾任揚州都督，兄皇甫溫曾任陝州節度使、浙東觀察使兼御史大夫。碑文講澄空法師「宗崇福疏，誦讀精通；總諸部律，周微制心」，可見她對佛典非常熟悉，尤其重視律典。「洛中事法嘗缺，共難其人，蓋求者多而讓者寡，師以疾辭之而不免，皆舊德所與也。」按「事法」不應該泛指法事活動，因為當時洛陽僧人與寺廟都

---

〔註6〕趙青山：《唐故東都安國寺大德尼法真墓誌銘並序考釋》，《敦煌學輯刊》，2015年第1期。

不少。從石門上題詞「唐故澄空闍梨墓誌銘石」，可知，「闍梨」是密宗儀軌師的意思，「事法」也是密宗名詞，是指密宗裏面的儀軌活動，當時洛陽城懂得儀軌的尼師較缺，大家都來請澄空法師，互不相讓，法師以病相辭也不能避免，這都是法師一貫品格高尚的緣故。從碑題稱之為「臨壇大德」也可證實此一推斷，這裡的「壇」，應該指的是密宗做法所用的壇場，即俗稱的「曼荼羅」。「臨壇大德」就是密教中有資格參與布置壇場的大德高僧。澄空法師生活的年代，正是密宗高僧惠果在長安青龍寺活躍的時期。澄空法師有來自長安功德寺，受到長安密風的影響，是很有可能的。

　　澄空法師在安國寺收有徒弟尼道微，以接替自己的寺院。澄空法師圓寂於貞元九年（793 年），享年五十七，出家三十四年，這樣算起來，她生於開元二十五年（737）〔註 7〕。澄空法師最後埋葬在龍門西南所置之蘭若（即今皇覺寺）內，其舍利塔建在禪宗北宗義福禪師塔的右邊，密宗祖師金剛智塔的左邊。從「閑微律儀」、「當生淨土」的銘文可知，澄空所修的法門可能是以密為主，兼修律學與淨土。她的侄兒秘書省校書郎皇甫閱書丹，皇甫閱是唐代著名書法家，柳宗元和劉禹錫都是他的弟子。

　　《唐故東都安國寺比丘尼劉大德（性忠 762～815）墓誌銘並序》：

　　　　弟微事郎前行宋州文學陟撰。

　　　　有唐元和十年（815）五月六日，東都安國寺尼大德奄化於伊闕縣馬廻山居，春秋五十有四，大德俗姓劉氏，法諱性忠，唐右相林甫公五葉孫，曾祖齊敬，□州司馬，祖□心，趙州平□縣令，考、從父鄭州滎陽□，先姚隴西李氏，大德即滎陽府君長女也。器比□□，門承高烈，生知厭俗，不尚浮華，童齡出家，稟性端潔，才七歲，師事於□姑，年二十，受戒於佛，持經五部，玄理精通，秉律三□，□貫博達，內鑒融門，不捨慈悲，□相端莊，已捐執縛。鳴呼，積善無疆，不授福於今世，己身有滅，當獲果於未來。妹性貞、弟陟、門人辯能、恒靜等痛，手足□確，哀法幢傾摧，咸□目流涕雙樹。其年七月十三日，歸窆於龍門□□鄉護保村，□師姑塔右，宗道教也。慮歲紀綿邈，陵谷顏夷，不揣□拙，粗書於石，情深感切，悲不成文。銘曰：

---

〔註 7〕高慎濤：《唐東都安國寺故臨壇大德塔下銘並序考釋》，《西夏研究》，2015 年 4 月。

　　□身示滅，然性常存。慈悲濟苦，雅操殊倫，超然厭俗，邈矣歸真。道雖離著，思豈與親。仰德如在，瞻□容□，……涕泗橫集。

　　性忠法師俗姓劉，是李林甫的五世外孫女，七歲從其姑出家，二十受具足戒，後來其妹妹也出家，法名性真。性忠法師收有弟子辯能、恒靜。性忠法師圓寂的時間，已經距離唐武宗會昌滅佛不遠了。滅佛當在其弟子辯能和恒靜在安國寺的時間。

## 二、唐以後的安國寺

　　《元河南志》記載安國寺「會昌中廢，後復葺之，改為僧居諸院，牡丹特盛。」唐武宗發起「會昌滅佛」運動，安國寺被拆除，以後又重新恢復，但可能已經被改為男眾寺廟了。因為在北宋，許多遊客常去遊覽，院內種植的牡丹很有名，而尼寺在當時應該是只有佛教節日才對外開放的。司馬光在《又和安國寺及諸園賞牡丹》中云：「洛邑牡丹天下最，西南土沃得春多。一城奇品推安國，四面名園接月波。山相著書稱上藥，翰林弄筆作新歌。人間朱粉無因學，浪把菱花百遍磨。」這首詩說的就是安國寺的牡丹，為文人騷客所喜愛。北宋李格非的《洛陽名園記》也記載，安國寺牡丹有數十萬株。每逢牡丹花開，民眾紛紛來此賞花、買花，熱鬧非凡。既然北宋的作者都稱「安國寺」，說明唐武宗滅佛後，安國寺又重新恢復，繼續作為寺廟而存在，並不只是「僧居諸院」。

　　《元河南志》又記載：「今徙東城承福門內，為祝釐之所，內有八思巴帝師殿。」從字面意思看，安國寺似乎是在元代遷到東城承福門內，成為祈福之所，裏面有八思巴帝師殿。金代時期，隋唐洛陽城已經被宋金戰亂所毀壞，金代依皇城、宮城和東城建成「金昌府」，洛陽縮小到今老城、瀍河區的地方，安國寺所在的宣風坊，位於今天洛河南的聶灣村附近，當時就已經是在城外了。金元時期，安國寺被遷入城內，就是今天老城敦志街的位置。八思巴，是元朝忽必烈皇帝的國師，藏傳佛教薩迦派宗師，在當時掌管全國佛教，權勢很大。

　　現在洛陽下清宮門前有一安國寺磚塔，為明代嘉靖年間，安國寺住持鏡本執之塔，塔高六點二米，底層邊長一點零三米，六角六級實心磚塔，塔下有須彌座，首層裝飾斗拱塔簷，以上各層相送出簷，頂部塔剎已失。塔身南側嵌有一方石銘，大部分文字已無法辨識，依稀可辨銘文中有「嘉靖」二字，應是建塔年代。安國寺僧人的舍利塔，出現在邙山腳下，說明安國寺位於城區，地域

不能擴建，所以和尚塔林只有建在城外。值得注意的是，當時明代全真派龍門宗第十代弟子張清林，已經在這裡建立道觀三官廟，而鏡本執和尚還能在此立塔，只能說明，此地作為安國寺舍利塔林，產生於道觀出現之前。

## 安國寺鏡本執塔

清《河南通志》卷五十：「安國寺，在府治南。唐咸通間建，元延祐六年重修。明洪武初修，置僧綱司於其內。成化、弘治相繼修葺，喬縉為記。」僧綱司是明清時期地區的佛寺管理機構，常設在城區最大的佛寺內。安國寺內能設立僧綱司，管轄河南府一州十二縣的僧眾，說明其在當時很是興盛。

清嘉慶十八年（公元 1813 年），河南府組織各寺院捐款，對安國寺進行了一次大規模修繕。此次大修，翻修了所有的大殿和廊坊，拆除了損壞嚴重的鐘鼓樓和大門，在大門原址上重修二層建築，下為過道，上設鐘樓，並改「安國

寺」為「鐘樓寺」，但將寺院十幾株古樹砍伐了，非常可惜。嘉慶末年，在知府的親自過問下，又恢復「安國寺」名稱。鼎盛時期的安國寺，由位於順城東街的山門以及寺內的前殿、中殿、後殿，也就是現在我們常說的天王殿、大雄寶殿和藏經閣三部分組成，加上東西廂房等建築，坐北朝南覆蓋今老集一帶。

民國十六年（公元 1927 年），信仰基督教的軍閥馮玉祥在河南省發動毀佛運動，河南省大小寺院遭遇空前浩劫，安國寺也未能幸免。十月，馮玉祥手下一排長帶了三十幾個士兵來安國寺毀佛像，前後兩天搗毀了安國寺內所有佛像和門前一對石獅，並燒毀了寺內所有藏書。民國二十年，安國寺成為河南省立第四師範學校附屬小學，是師範學校學生實習的地方。

安國寺大雄寶殿現存的主體結構為明代遺留下來的，殿內的廊柱、屋簷的斗拱等都具有顯著的明代建築風格，對研究洛陽地區明代建築工藝及手法有非常重要的價值。同時，這座寺院也是目前洛陽市區遺留下來的規模最大的一座寺院。也正因此，安國寺被掛上了「省級重點文物保護單位」的牌子。〔註 8〕

### 安國寺南殿（天王殿）

安國寺現存南北兩座大殿。南殿面闊五間，進深三間，為磚木結構歇山頂，四周簷下用斗拱，殿內數根紅柱力托殿頂，柱礎為石鼓柱礎，上部梁枋因幕席

---

〔註 8〕李燕鋒：《洛陽安國寺大雄寶殿修繕工程接近尾聲》，《洛陽晚報》2011 年 11 月 24 日。

遮蔽不明。該殿在幾十年前改作車間，屋頂已遭破壞。唯一能證明它是古建築的，是房檐下將近 20 個龍頭斗拱。附近居民告訴記者，這裡目前是市一中校辦工廠的倉庫，現在已經廢棄（上圖）。

北殿保存基本完好，面闊五間，進深四間，磚木結構，單簷歇山頂，四面簷部皆有斗拱，是安國寺的大雄寶殿。殿內保存的蓮花覆盆式柱礎是洛陽老城現存最早的建築遺跡。明太祖洪武初年修繕，在這裡設僧綱司，這是管理豫西一帶佛教事務的機構。1927 年，基督將軍馮玉祥派兵將安國寺佛像全部砸毀、經卷焚燒，變為兵營。1931 年，此處劃歸省立第四師範，新中國成立後劃歸洛陽一中，寺內建築逐步拆除，只留下南北二殿，南殿因被改造為洛陽一中的校辦工廠，將屋頂拆毀改造，北殿至今保存完好。

新中國成立後，安國寺一直被洛陽市第一中學使用。大雄寶殿為教師辦公室，天王殿為校辦工廠。20 世紀 90 年代後期，洛陽市第一中學把大雄寶殿移交洛陽市文物管理局。

2011 年 4 月進行了維修。現在，長安安國寺已經早已湮滅無存。洛陽安國寺還留有兩座大殿，是洛陽老城現存唯一的佛教寺院建築。但安國寺的名字，則在全國很多地方都有，如山西離石安國寺，陝西咸陽安國寺，陝縣安國寺，甚至日本也有安國寺。也許有一天，我們能重新聽到洛陽安國寺裏的誦經聲。

# 第三十一章　與日本京都南禪寺結緣的 寺廟──汝陽寶應寺

汝陽寶應寺位於縣城北蔡店鄉何村與閻村與杜康仙莊之間的鳳凰山下，寺旁有九眼泉水。《縣志》記載：「寺依山傍水，有泉數處，清澈見底，味甘美，與杜康酒泉同脈，盛夏泉水清冽爽心，嚴冬則溫潤宜人，群眾譽為神泉。」

## 一、建寺因緣

寶應寺山門

為何要在此地建寺？由於史料無存，已經無法追溯。只是在當地留下了武則天曾在此地取泉，並治好自己眼疾的傳說，病好後將此地泉水稱為「神泉」的傳說。當地還傳言唐玄宗曾設立取水寨，定期取水，供楊貴妃沐浴之用，這就是伊川水寨得名的來歷。後來唐代宗也在此取水，聽到這些神奇的傳說後，

在此地建寺，名寶應寺。為何取名「寶應」？據《舊唐書》記載，唐肅宗上元三年，楚州有一尼姑得八寶獻於皇上，唐王室視為祥瑞，這一年唐肅宗去世，唐代宗就將上元三年改稱寶應元年（762），在全國興建一批寺院，稱為寶應寺。據此可知，寶應寺始建於公元762年。長期以來，寶應寺以周邊的野菊花等珍貴藥材知名，所泡之茶被譽為「神茶」，能治療多種疾病。

現在可知寶應寺的興盛是在清朝乾隆時期。當時主要有大佛殿、東配殿、西配殿、天王殿、觀音殿、藏經樓、法堂殿、鐘樓、鼓樓等主要建築。據碑刻記載，伽藍殿是大清康熙三十五（1696）年修建的，至乾隆四十一年（1775）已經是「風雨頹敝，神幾露處」，破敗不堪。以趙瑞、閆琨、閆珩、王元章為首的信士們與四鄉民眾募化集資，住持覺秀、覺瑞、覺祥；徒弟圓修、圓來、圓印；募化主王恩光、王定、何自榮、孟盡倫、賀自祥等合力重修了伽藍殿。這次維修得到崇興寺師叔明順法師、華嚴寺師弟覺福法師、徒孫圓敬相助，伽藍殿的維護才圓滿完成。

到過汝陽的外地人想必都對關帝信仰在汝陽的興盛頗有認識。《乾隆四十一年重修寶應寺伽藍殿碑》給出了一些答案。「伽藍者，佛之護法也，護法而推關帝者，為其忠勇，能伏諸魔，以為佛門之羽儀，禪林之干城也！故凡名山古剎 皆有伽藍殿。」寺僧認為，寺院地域狹小，打算在寺院東側建伽藍殿，並以舍衛太子、給孤長者配饗。而當地儒生認為，「伽藍之位望崇隆，誠不可以偏居」，即伽藍神只能居正殿，不適合居偏殿；太子與長者也不可以並列，因為這不符合長幼的秩序。但作者則認為，既然關羽在玉泉寺被普靜法師點化而成為佛弟子，則作為佛的護法居佛側面是可以的。舍衛太子與給孤長者雖然長幼有別，但作為佛弟子則是平等的，因而可以並列。最終依此意見建成伽藍殿，以關羽為主尊，舍衛太子與給孤長者配饗。

給孤獨長者原名須達多，是舍衛城中的一位富豪，他天性樂善好施，由於常常救濟無依無靠之人，所以人稱「給孤獨」。看到佛講法居無定所，他決心給佛陀建一座寺院作為布施。選來選去，選中了舍衛太子的花園。但太子稱「但除非你用金磚把園林鋪滿」，否則不賣。讓太子沒有想到的是，長者答應了這個條件，搬運金磚將地面鋪滿。舍衛太子受到感動，主動將花園裏的樹木花草施捨給寺院，於是世界上第一座寺院就這樣產生了。因為舍衛太子名祇陀，寺院用的是祇陀太子的園子，故命名為「祇園精舍」。「精舍」就是規模不大的修行場地。

## 二、與日本南禪寺結緣

　　八百里伏牛山，明代曾為僧人隱居坐禪之地，伏牛山「煉魔場」天下聞名，戒律嚴整，佛土莊嚴，「牛山苦行」享譽叢林，吸引全國各地高僧前來修行，蔚為佛國。伏牛山在明代成為與五臺山、峨眉山、普陀山齊名的佛教四大名山；但一旦遇到亂世，山高林密成土匪滋生之地，「豫西刀客」就是老百姓對他們又恨又怕，又夾帶著羨慕的稱謂。民國時期，天下大亂，軍閥混戰，民眾「跑刀客」，即躲刀客，是常事，寶應寺也受到匪患的滋擾而停辦。

### 寶應寺大殿

　　據汝陽何為謙先生調查，民國二十三年（1934）臘月，劣紳張大拿為搶奪寺廟的幾十畝良田，買通土匪闖進寶應寺，殺害了住持興智法師；而後又勾結官府抓走了興園、興安法師，給寶應寺安上「通匪」的罪名，借機解散僧眾，寺產充公。寶應寺成為了一座空寺，房舍倒塌也無人問津。

　　1942 年，國民黨將領王凌雲、范龍章借用寶應寺的院子辦慈雲中學，並建房屋十三間，當時有個日本京都南禪寺的僧人「南禪法師」是他們的朋友，住在寶應寺，也為建校捐助錢財，並尋找僧人恢復寺廟。寶應寺由此與日本南禪寺結緣。為何稱「慈雲中學」？據說因為王凌雲名中有「雲」字，范龍章字卓雲也帶個「雲」字，而二人的母親都敬觀世音，觀音又稱「慈航大士」的緣故。

　　新中國成立後寶應寺先後改為伊陽一中分校、伊陽二中、汝陽二中、汝陽縣蔡店五七高中、汝陽二高、汝陽黨校等。20 世紀 60 年代，寺內兩座大殿和鐘樓被拆毀，門前一對大石獅子被杜康酒廠以建杜康廟為名移至杜康村，現僅留伽藍殿和藏經閣。

　　在當地群眾的呼籲下，2006 年，寺院交給信眾管理。當地信眾組織起了農曆六月初七日的三天廟會，寶應寺又恢復了寺廟的身份。2009 年初夏、2011

年春夏之交，南禪大師的徒弟，日本皇家寺院、臨濟宗南禪寺中村文峰長老為了卻其師南禪法師的遺願，率眾訪問寶應寺，給寶應寺題寫了「以和為貴」橫匾，受到信眾和宗教部門的熱情接待，長老決定定期來訪寶應寺。

寶應寺在鼎盛時，隔閻村河有南北兩院，北為北院禪寺，稱北禪寺；南為南院禪寺，稱為南禪寺，寺院廣大，僧人眾多。而今破敗的猶如農家小院，危房亟待修繕。但願歷盡滄桑的千年古剎，有一日能重新恢復其盛景。

# 第三十二章　洛陽唯一的文殊道場
## ——汝陽雲夢山文殊寺

　　文殊菩薩被譽為「諸佛之母」，與觀音、普賢、地藏並列為中國佛教四大菩薩之一，在藏傳佛教裏地位更高，與觀音菩薩、金剛手並列為雪域「三怙主」，藏傳佛教最大的格魯教派創始人宗喀巴大師，就被譽為文殊菩薩轉世。文殊菩薩的根本道場在山西五臺山，但弘法道場則遍布全國各地。除了五臺山外，成都市區的文殊院也是比較有名的。

## 一、文殊菩薩的地位及特徵

### 汝陽文殊寺大殿

　　文殊菩薩被稱為「大智」，表徵般若智慧，這是一種與凡間智慧不同的，教導信眾認識到現象界局限性與偶然性、從而轉向永恆性與必然性的甚深智

慧。這種智慧要求人們認識到自己原來所追求的財色地位原來都是「空」，甚至於連自己的肉身也屬於緣散緣滅的現象界，是無法永恆也不值得執著的。只有認識到了這一點，才能放下自己對財色地位的執著，獲得內心的安寧與平靜。佛教認為，樹立正確的認識，是佛教一切修行的開始，是成佛的首要條件。所以佛教界才將表智慧的文殊菩薩稱為「諸佛之母」、「七佛之師」。文殊菩薩到了中國後，儘管名氣稍遜於觀音，但在佛教教義體系中的地位一直是在觀音之上的。其道場五臺山被尊為「金色世界」，也比峨眉山「銀色世界」、普陀山「琉璃世界」、九華山「蓮花世界」要尊貴些。在中國漢地，四大菩薩中，文殊菩薩的道場形成最早，唐代前期已經基本形成。

文殊菩薩的特徵主要有以下五點：1.頭戴五佛寶冠，象徵佛的五種智慧：大圓鏡智、平等性智、妙觀察智、成所作智、法界體性智。2.手持寶劍或書本（象徵其所表徵的智慧）。3.童子相。象徵著純潔。4.坐騎為青獅子。5.身體常朝右邊傾斜。

汝陽文殊寺，位於汝陽縣城西 1.5 公里雲夢山旁的寺灣村。這裡可是汝陽縣的風水寶地。汝陽雲夢山為春秋戰國時期名士鬼谷子隱居之地。《東周列國志》解釋說，因為此地在上古時期「山深樹密，幽不可測，似非人之所居，故云鬼谷。」鬼谷子長於持身養性，精於心理揣摩，深明剛柔之勢，精通戰術謀略、縱橫捭闔之術，獨具通天之智。傳說墨家的創始人墨子也曾在此隱居，常在此山採藥，並曾與鬼谷子一起在崖邊宴坐賞月。《清一統志·山川》載：「雲夢山在伊陽縣東南七里，相傳鬼谷子隱居處。」《河南通志》云：「鬼谷子楚人，今伊陽縣東南八里有洞存焉。」

相傳鬼谷子名王栩，也叫王禪，隱居此地雲夢山教書授徒，門下有成就者很多。據《廣輿記》載：「鬼谷子嘗隱此，俗傳張儀、蘇秦授書處。」《史記》載：「蘇秦者，東周洛陽人也，東事師於齊，而習之於鬼谷先生。」「張儀者，魏人也，始嘗於蘇秦，俱事於鬼谷先生。」另有傳說魏人尉繚子、趙國毛遂、也是鬼谷子高徒。然最為知名的則數孫臏、龐涓在此學藝，最後分別在齊魏掌兵，師兄弟相殘的故事。

至今雲夢山附近還有鬼谷子隱居的山洞，教授孫臏、龐涓演武的八卦陣，蘇秦、張儀比試的說淚井，鬼谷子降虎的伏虎坡，墨翟採藥的臥龍山，鬼墨賞月的宴月崖，還有鬼谷墓、孫臏墓、試劍石、鎮奸石、演兵場、傳書洞等 20 多處名勝古蹟。

現在全國多處地方都有雲夢山，但只有在汝陽雲夢山，出土有戰國時期的文物。據瞭解，在古清溪河旁的鬼谷村鬼谷洞內，近年出土一批古代文物有 20 餘件。經鑒定，其中有時間較早的東周青銅戈，有漢代陶罐和宋代瓷器，還有鐵斧等。洞內還出土有供奉鬼谷先生的石碑一通。這些文物的出土，證明此洞的始用年開始於戰國之前，歷經漢、宋、元、明、清都曾使用。說明各地雲夢山中，只有汝陽雲夢山鬼谷說有考古學依據作為支撐。

鬼谷子素以通天之智而著稱，文殊菩薩在佛教中也被譽為無上智慧的表徵，冥冥中文殊菩薩道場坐落於鬼谷子故里雲夢山，可知雲夢山確是與智慧有緣的聖地。

## 二、文殊寺的歷史

根據道光十八年汝陽縣（原伊陽縣）志記載，文殊寺建造於元朝武宗海山即位時，在大致公元 1311 年建成，距今已有 700 多年歷史，當時稱文殊院。

明憲宗成化丁酉年（公元 1476 年）改院為寺，稱為「文殊寺」。到明孝宗弘治年間，文殊寺已經頗具規模。但明末統治腐敗，老百姓被迫鋌而走險，或成為土匪，或發動起義，戰亂四起，縣城北山上將軍廟內碑文記載，明熹宗朱由校天啟五年，即公元 1625 年，劉蒙將軍燒毀文殊寺，文殊寺遂為廢墟。

寂雲法師

　　清嘉慶八年（1803），薛朝林等信士重建文殊寺，寺院非常興盛，規模宏大，分為上寺與下寺，僧人眾多，所以當地群眾把此地稱為寺灣。但後期隨著國家的衰敗，文殊寺也日漸衰落。

　　大智寺重建於 1993 年。十幾年來共建大殿四座，東西廊坊 14 間，佔地六畝。其中新建文殊寶殿由九華山釋寂雲法師率領眾信士共同投資興建的。大殿為兩層九脊歇山頂仿古建築，佔地面積 300 平方米，殿高 15 米。2003 年動工，2009 年建成，歷時 7 年，總投資 150 餘萬元。

　　現在的文殊寺，也稱大智寺，於 20 世紀 90 年代重新開始建設。1994 年 11 月 24 日，建成天王殿，2001 年建成東廂房，作為齋堂。2002 年建成西廂房，作為接待。文殊殿大雄寶殿於 2003 年開始修建，2009 年落成，歷時 6 年，大殿東西兩側分別為觀音殿和文殊殿。2014 年在文殊殿兩側建成「念佛堂」，投資 100 餘萬元，大智寺（文殊寺）又初具規模。2017 年 12 月 6 日，寂雲法師主持了汝陽雲夢山文殊寺 的動土儀式，文殊寺的建設拉開了帷幕，祝願文殊寺早日建成豫西名寺。

# 第三十三章　名寺與名校的奇遇——
## 潭頭淨安寺

　　淨安寺是欒川知名寺廟，位於潭頭湯營村。寺廟傳說始建於唐代神龍元年（705），女皇武則天曾來此泡過溫泉等等，到底是不是這樣，已經無法考證了。現在能夠確定的是，淨安寺的誕生，確是與寺內的溫泉有關。

## 一、寺院因溫泉而興

　　清代乾隆十九年（1754）的《重修淨安寺並金妝神像碑記》中有這樣的記載：「雲山之上有寺焉，寺之中有溫泉，士農商賈觀風貿易，邀聘瀚滌者絡繹不絕，真勝地也。」可知因為來此泡溫泉的人多，農民、商人也到此交換貿易，逐漸熱鬧起來，而寺廟也因此建立。

### 河南大學校舍遺址

寺廟並不大，院內 3.8 畝地，整個佔地約五畝，裏面的大殿是清代建築，無斗拱，原有的獸脊在文化大革命中被砸毀，現在的佛像也都是新塑的。淨安寺現在為尼寺，有一個叫妙音的師傅從 2000 年就住在這裡。如果只是這些，淨安寺並沒有什麼特別的地方。

然而，在寺院的南側，卻有幾排整齊的老院子，乾乾淨淨，甚至還有一個鐘樓似的簡易建築，讓人感覺很有歷史感。問妙音師傅這些建築是什麼？回答說是溫泉療養院。我還納悶，療養院一般都蓋得很現代化，為何這個療養院顯得這麼古樸。上車準備離開的時候，忽然發現一塊大石頭上刻著三個字：「河大池」。我忽然想起來，莫不是與抗戰時期河南大學西遷潭頭有關？我急忙下車，趕到療養院內，看到一個工作人員在院內打盹，問他這些建築是不是河南大學抗戰時期的校舍？回答說是。長期縈繞在心裏，想去潭頭考察河南大學抗戰時期校區遺址的計劃，竟然在不經意間就實現了，幸福來得很突然，思緒一下子飛回到了抗戰最為困難的 1939 年。

## 二、河南大學與淨安寺的因緣

1939 年，開封淪陷，省立河南大學師生被迫逃亡西部，校長王廣慶先生是新安縣磁澗鄉掌禮村人，他主張將學校西遷豫西山區，因為那裏山高林密，交通閉塞，是遊學的好地方。在王校長的帶領下，河南大學簽到了嵩縣，文理農醫四大學院中，醫學院留在了縣城，文理農三個學院則進一步內遷到了潭頭，潭頭當時屬於嵩縣。河大的到來受到了當地士紳和群眾的歡迎。當地小學主動騰出校舍 50 餘間，作為河南大學文、理、農學院的公共教室和圖書館。關帝廟 20 餘間房屋，改為河南大學校部機關辦公用房。此外，潭頭街、橋上村、石門、黨村、古城、上神廟、大王廟、湯營、蠻營、山官廟、湯池的群眾也分別騰出民房數十間，供河南大學師生員工居住工作，校長王廣慶，嵇文甫、張邃青、陳梓北、王毅齋、熊伯履、黃屺瞻等近 20 位教授居住於潭頭村。我們剛才看到的那個古樸的療養院，之所以被稱為「河大池」，原因是這裡是河南大學師生們洗澡的澡堂和部分校舍。

省立河南大學在此辦學非常成功。河南大學聯合當地士紳在潭頭建立「七七中學」、「偉志小學」、「伊濱中學」等學校，為當地培育人才。1941 年，國民政府派專員到各地高校考評，河南大學開課時數全國第一，綜合成績全國第二。1942 年 3 月 10 日，國民政府教育部根據考評成績，將河南大學升格為國

立大學。1944年，日寇發動「打通大陸交通線」的豫湘桂戰役，駐守河南的湯恩伯部隊為了保存實力，消極抵抗，潰不成軍。日軍迅速攻進嵩縣。河南大學師生倉皇撤離，但部分師生還是被日軍先遣隊撞上，九名師生遇害，二十五人失蹤，釀成著名的「潭頭慘案」。離開的師生，文理農學院在漢中，醫學院在寶雞繼續辦學。英國的李約瑟教授當時正在寶雞，看到河南大學搬來的幾十本《道藏》，他翻閱後很感興趣，後來寫成了著名的《中國科學技術史》，在劍橋大學創立了中國科技史研究所，奠定了自己學術地位。河南大學直到抗戰勝利才搬回開封。

### 河南大學校舍角樓

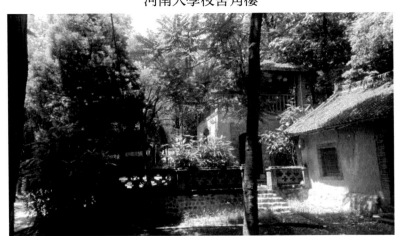

淨安寺名字中的「淨」指的是「淨土」之意，「安」是「安居」之意。在抗戰的烽火中，河南大學以淨安寺的建築為依託，在此生活了五年，如同安居在淨土世界。現在河南大學早已離去，寺廟重新恢復為佛寺。但淨安寺與河南大學的這段奇遇，使得淨安寺保存了一個頗有特色的古建築群，雖然現在產權還不歸寺裏，但也足以讓淨安寺表現出與眾不同的特色與內涵。

# 第三十四章　潙仰宗在洛陽的法脈——
## 東河觀音寺

　　潙仰宗是禪宗五大派（臨濟、曹洞、潙仰、雲門、法眼）之一，並且是五派中形成最早的一派。由於此宗的開創者靈佑和他的弟子慧寂先後在潭州的潙山（在今湖南省寧鄉縣西）、袁州的仰山（在今江西省宜春縣南）弘法，後世就稱它為潙仰宗。

### 一、潙仰宗概況

　　潙山靈佑禪師（771～853）為潙仰宗初祖。他是福建霞浦縣人，俗姓趙，法名靈佑，十五歲出家，大中七年正月示寂。世壽八十三，法臘六十四。諡號大圓禪師。

東河觀音寺正在建設

其弟子仰山慧寂承其後而集大成。仰山慧寂禪師（840～916），廣東番禺人，俗姓葉。九歲進寺，十七歲出家。後入溈山靈佑之室，受其印可。唐僖宗時遷大仰山，大振溈山之法道，建立溈仰宗，有「仰山小釋迦」之稱。諡號智通禪師。溈仰宗前後傳承150餘年，大約到唐末宋初，這一宗派淹沒不顯。但其師徒交接的話頭公案，卻一直為禪林所研究。

> 一堂，舉仰山摘茶次，溈山曰：「終日只聞子聲，不見子形，仰撼茶樹。」溈曰：「恁麼，子只得其用，不得其體。」仰云：「師如何？」溈良久。仰云：「恁麼，師只得其體，不得其用。」溈曰：「放汝二十棒」。仰云：「師之棒，弟子當吃，只如弟子之棒，令誰領受。」溈曰：「放汝二十棒」仰禮拜。

這個話頭體現的就是體用關係，溈山認為仰山整日在茶林中，心思被茶林吸引，所以說他只得其用（假有），不得其體（性空），應挨打，仰山卻認為溈山看不到自己的形體，就認為師傅只看到體（性空）卻看不到用（假有），也應該挨打，所以也要回敬師傅二十棒，溈山卻認為仰山沒有認識到形體只是因緣和合之假象，並非真實的存在，故堅持要打仰山二十棒。仰山終於悟得，故禮拜。

禪宗反對窮經皓首的研究佛典，認為如果不會活學活用，學再多的經典也無用。其精神實質在於要求弟子在日常生活中貫徹般若學中的體用、動靜、本末等關係。但這樣就要求禪僧有較高的悟性。五代時永明延壽法師曾總結說「有禪無淨土，十人九錯路。」即禪宗是上上根器的人學的，大多數人則沒有能力參透禪機。

## 二、觀音寺溈仰法脈的由來

五代以後，溈仰宗失去了傳承。然而，民國時期，溈仰宗因為著名的虛雲禪師而重新接續。虛雲（1840～1959），湖南湘鄉人。少年經歷了兩次鴉片戰爭與慘烈的太平天國起義。尤其是太平天國運動，湖南是主戰場，人民死傷無數，戰亂帶給年少的虛雲強烈的人生幻滅感，立志出家。虛雲法師家境殷實，父母為其娶了田、譚兩位夫人，但他在新婚夜裏說服兩位夫人和他一起出家。虛雲活了120歲，號稱「坐閱五帝四朝」。五帝是道光、咸豐、同治、光緒、宣統。四朝是：清朝、民國、袁世凱的洪憲朝、四九年以後的中國。

　　1884 年他又徒步去四川峨眉山禮拜普賢菩薩，然後順著川藏古道入西藏，禮拜昌都德欽寺。到拉薩後禮拜大昭寺。到日喀則朝拜扎什倫布寺。1899 年再從西藏進入不丹，再到印度朝拜佛陀聖蹟。然後再到錫蘭（今斯里蘭卡）。1890 年 7 月經緬甸回國，路過雲南。1893 年，53 歲時，去九華山禮拜地藏菩薩，並在那裏研究《華嚴經》三年。1896 年前往揚州高旻寺，禪定時因開水濺到手上，水杯掉地打破而大悟，並說偈語：「燙著手，打破杯，家破人亡語難開。春到花香處處秀，山河大地是如來。」認識到了「消得一分習氣，便得到一分光明；忍得十分煩惱，便證少分菩提」的道理。從其出家到其自悟，為其自度時期，期間主要是行腳和學習。

**道峰禪師（右）與大愚禪師（左）**

　　開悟以後則是弘法時期。法師想到路過雲南時，看到雲南地處邊陲，佛法衰敗，於是決心到雲南弘法。1904 年，他受請擔任雞足山住持，修復了雞足山祝聖寺，將之改為十方叢林，重新恢復了迦葉道場。他還重建昆明碧雞山華亭寺，整肅寺規僧紀，如法傳戒。1906 年，他奔赴東南亞，到泰國、馬來西亞弘法。1908 年，在泰國曼，他一定九日，轟動了整個曼，國王大臣紛紛前來禮拜，泰王將之引入宮中供養。他於 1913 年在雲南創建了中華佛教總會滇藏分會，這是雲南最早的佛教團體。1929 年，到廣東復興禪宗祖庭南華寺，1936年到香港弘法。

　　虛雲法師開悟後，獲得多位禪師的印可。先後接任臨濟宗第 43 代，曹洞宗第 47 代傳人。他發誓重新恢復禪宗五大宗派，讓「一花五葉」的繁榮狀況再次顯現於世間。所以又任溈仰宗第八代，法眼宗第八代、雲門宗第十二代傳人。

　　欒川東河觀音寺又稱西佛寺，因位於東河村，當地人為了與陶灣觀音寺區分，而稱為東河觀音寺。據寺主道峰禪師介紹，他們屬於溈仰宗的傳承，法脈接自香港。他的師公宣玄聖一，是廣東省新會人，19 歲出家，22 歲受具足戒，戒臘 67 載。36 歲在雲居山接虛老法，為禪宗溈仰宗第九世傳人，為虛雲門下十大弟子之一，住持香港大嶼山寶林禪寺。2010 年 8 月 3 日晨 2 時 46 分安詳示寂，世壽 92 歲，僧臘 69 載，戒臘 67 秋。他有徒弟果智亮公，為溈仰宗第十代傳人，現在也已經圓寂。觀音寺住持道峰禪師，就是果智亮公的弟子。道峰禪師講，他已經來欒川十餘年了，由於欒川佛教根基薄弱，來此生活很是不易。觀音寺傳說始建於唐末，但他來時已經是一片廢墟，只留下一個山洞。前些年他一直住在山洞裏，一住就是十幾年，期間得到白馬寺海波老和尚的接濟，才勉強生活下去。想到佛法薄弱之地更需佛法，才決定在此山洞前恢復建寺。

# 第三十五章 為往聖續絕學——
## 欒川白雲寺

　　第一次訪問欒川白雲寺，就感受到了這個寺院的不同尋常。第一是大，在豫西山間，多見的是如農家小院般的袖珍寺院，猛然看到開闊的庭院，雄偉的殿堂，背靠的千仞石壁，讓人感覺很不一樣。第二是外地信士多。我們到寺院時，弓明慧居士告訴我們，北京來了一批居士，正在拜師，讓我們稍等片刻。說話間，又見幾個居士來訪，一問是來自江蘇揚州。白雲寺位於欒川秋扒鄉白岩村，離鎮上還有數公里遠，沒有直達車。如此交通不便的地方，究竟有何魅力吸引各地信眾不遠千里來訪？我們不禁心生好奇。

## 一、為往聖續絕學的釋德昌法師

欒川白雲寺大殿

　　約莫二十分鐘後，我們見到了寺主釋德昌法師。中等偏高的身材，慈眉善目，約莫七十五歲上下，神采奕奕。法師招呼我們進入客堂，與我們聊起白雲寺的由來。他告訴我們，白雲寺俗稱白岩寺，其得名與北宋的白雲祖師有關。法師原名弓智峰，鄭州惠濟區弓寨人。其先人弓伯超，著有《弓氏醫書辨訛十六卷》，曾揭皇榜為嘉慶皇帝醫病，譽滿京城，被皇帝封為御醫總管。德昌法師本人 1941 年 6 月出生，畢業於中國人民解放軍空軍學院。出身於中醫氣功武術世家。祖上弓羽清和弓嵩保曾是清朝咸豐時期的父子雙進士，弓羽清與曾國藩是同榜進士，曾跟隨曾國藩創建江北大營，兒子弓嵩保隨曾國荃攻破南京，掃平太平天國運動。

　　德昌法師家傳的「佛門九宮掌」，傳自宋代白雲祖師。他曾於九十年代初出版《周易與康復易數》，將家傳中醫絕技與氣功、周易結合，探索出了一套行之有效的治病方法，治好了很多疑難雜症。二十多年前正式出家，取名釋德昌，號源修，法師一直在尋找和白雲祖師有關的寺廟。後來看到縣志記載欒川縣白岩村原本有一座白雲寺，就發心重建這座早已被毀棄的寺廟。

## 二、白雲寺與白雲宗

　　法師所說的白雲祖師，就是中國歷史上赫赫有名的白雲宗的創始人孔清覺。全國各地以白雲為寺名的寺廟，很多都和白雲宗有關。孔清覺為孔子第五十二代孫，自號本然，宋仁宗慶曆三年（1043）十月二十二日生於登封縣。其父親名孔訢，舉進士；母崔氏。宋神宗熙寧二年（1069），清覺讀《法華經》開悟，遂徵得父母同意而出家。〔註1〕《釋氏稽古略》記載其「依龍門山寶應寺海慧大師剃染，囑其南詢。」龍門山寶應寺位於洛陽龍門西山，毀於明末戰亂，今天已經不存，建設龍門糧庫時，挖出了禪宗七祖神會大師的石棺與遺物，考之文獻，知道神會法師葬於寶應寺，這才找到寶應寺遺址。龍門寶應寺是白雲宗的祖庭與發源地。

　　清覺首先到嘉州峨眉山參千歲和尚，千歲和尚即著名的寶掌和尚，中印度人（前 414 年～657 年），活了一千多歲，世稱寶掌千歲和尚、千歲寶掌，據傳魏晉間東遊中土，入蜀地峨眉山參禮普賢菩薩，後留在那裏，直到唐高宗顯慶二年（657）圓寂。圓寂以後也常在峨眉山地區示現。清覺去峨眉山參早已

〔註 1〕黃茜婭：《白雲宗的創生與普寧藏的雕造》，杭州師範大學 2017 年碩士論文。第 14～15 頁。

圓寂的寶掌禪師，可能是去朝拜寶掌禪師的遺像，尋找他留下來的經書。不管有沒有見過寶掌千歲和尚本人，但清覺很有收穫，因為他離開峨眉山後，沒有再去別處參訪，而是到淮西舒州浮山，結庵於浮山太守岩，靜修二十年，史載他在那裏「似有省發」，很有成就。

### 釋德昌法師

修成之後，清覺於宋哲宗元祐八年（1093）到了杭州靈隱寺，有汪、羅二位居士向他問法，清覺一言點悟了二人，從此名聲大震，跟隨他的信士們逐漸增多。於是他轉移到靈隱寺後的白雲庵居住。《初學記》道安注解釋說：「師初誕日，有白雲滿室，因以白雲自稱，茲庵之名，默與心契，從而居焉。由是白雲之名，流芳益著。且白為眾色之本，潔淨無暇之謂。云者，應用而來，來無所從，用謝而去，去無所至，而能含潤法雨，益濟萬物，重重無盡，有雲像焉。」清覺在杭州白雲庵開宗創派，著有《正宗論》、《三教編》、《十地歌》，倡導儒釋道三教圓融，而白雲宗為最高的十地修行。清覺創立的白雲宗，最初只是從

華嚴宗中分出的一個支派。他於宣和三年（1121）圓寂後，葬到了餘杭南山，建立白雲塔，塔院名普安，後改為普寧，發展為元代著名的大本山普寧寺。到了元代，白雲宗一度有較大發展，杭州南山普寧寺成為該宗的中心。清覺法師也被封為「白雲通教大師」。該寺住持道安在膽巴金剛上師和江南釋教統楊連真伽的支持下，組織雕刻了元代大藏經，名《普寧藏》，為佛教做出了很大貢獻。元朝中前期，白雲宗達到鼎盛。南山大普寧寺屬下有四十座院，分別是孝慈院、廣濟院、資福院、雨化庵、真覺院、寶明院、普度院、致慶院、廣遠院、竹隱院、淨福庵、常定院、積慶院、真慶院、真武庵、葛山院、妙德院、妙嚴院、妙圓院、十地院、普明院、慶福院、崇慶院、頤浩院、華嚴院、圓通院、志遠院、嗣光院、慶壽院、普照院、崇福院、政山院、慈濟院、政福院、福勝院、平湖院、普集院、萬壽院、崇興院、福地院等，散佈在杭嘉湖一帶。〔註2〕南山普寧寺成為白雲宗的中心。白雲宗也傳至全國各地，在各地普建白雲寺。欒川的白雲寺，或成立於元代。

　　白雲宗到了明代，受到朱元璋的打擊而衰落下去，各地的白雲寺也逐漸變為禪宗寺院。白雲宗這一在歷史上發揮過重大影響力的宗派，也消沉下去。但其得自寶掌禪師的「佛門神掌——九宮掌」卻通過鄭州弓氏家族傳承了下來，釋德昌法師在洛陽市申請了非物質文化遺產，成功獲批。

　　欒川白雲寺，正走在為往聖人續絕學的路上；釋德昌法師，就是那個自覺擔負重擔的人。

---

〔註 2〕作者不詳：《白雲宗的興起和發展》，餘杭史志網，2010 年 6 月 30 日。

# 第三十六章　豫劇《梵王宮》與洛陽天竺寺

　　豫劇《梵王宮》，原名《洛陽橋》，是「豫劇皇后」陳素真的代表性劇目之一。內容主要講洛陽千戶侯花花公子耶律壽驕奢淫逸，而他的妹妹含嫣卻心地善良。梵王宮廟會，當地的好漢花雲、韓美、郭廣卿等前去給寺廟住持拜壽。而時耶律含嫣亦往梵王宮玩會，恰遇花雲一箭射落雙雕，打動了含嫣，一見傾心，愛上了這個青年，回家就得了相思病。耶律壽帶家奴胡能到郊外閒遊，桑園遇到韓美之妻劉氏，他見劉氏貌美，強行調戲，遭到拒斥，回家也得了相思病。花雲男扮女裝深入侯府，準備懲罰耶律壽，意外地與耶律含嫣入了洞房。最後花雲懲罰了耶律壽，背走了耶律含嫣。陳素真在此劇中以其創造的「甩辮」、「穿衣」和手絹、扇子等表演絕活，把此劇中《梳妝》一折推向高潮，尤其是「甩大辮」更是為京劇名家關肅霜在《鐵弓緣》中所移用〔註1〕，幾成為該劇的代名詞。

　　據陳素真大師回憶，《洛陽橋》是豫西的傳統戲，原是「粉戲（即涉黃戲劇）」，由名角司鳳英將之帶到開封，劇作家樊粹庭先生去掉其中的粉色部分，改編為健康的劇目。「樊先生因為《洛陽橋》這個戲名與此戲內容不相稱，便改用《葉含嫣》的名字。」〔註2〕此劇到底什麼時候開始在豫西流行，已經不可考。明萬曆中葉胡文煥編選的戲曲選集《群音類選》裏收錄有《洛陽橋記》

〔註1〕石磊：《石磊文集Ⅴ》北京：中國戲劇出版社，2012年，第97頁。
〔註2〕陳素真：《情係舞臺》，鄭州：河南文史資料，1991年，第38冊，第112～115頁。

的片段曲文，明末清初著名的劇作家李玉也著有《洛陽橋》，但筆者對比過內容，明清之際的《洛陽橋》，講的是蔡襄一家忠孝節義的故事，[註3] 現在在京劇中還有演唱；而豫西流傳的《洛陽橋》則講的是洛陽貴族耶律壽與其妹妹耶律含嫣的故事。兩者並不能續上關係。到了 1957 年，陳素真大師到北京中國文聯禮堂演出《葉含嫣》，受到著名劇作家田漢和歐陽予倩的高度讚揚，田漢建議將劇名改為《梵王宮》。從此，陳素真在以後的演出中均稱《梵王宮》。[註4] 到了 1982 年，由西安電影製片廠拍攝戲曲藝術片，將之恢復原名《洛陽橋》，由國家一級演員曾廣蘭主演，更把此劇推向了全國，成為豫劇的主打劇目之一。

此劇的故事發生地是洛陽，主要戲劇場地是洛陽的梵王宮，故事的男主角之一的花雲，歷史上真有其人，是朱元璋帳下大將，在幫助朱元璋打江山時戰死，故其主要生活於元朝末年。豫西劇主人公一般都是漢姓，獨此劇主人公為少數民族，似故事有其真實的原型。故事主要的發生地梵王宮，也頗值得玩味，豫劇中多數廟會不是在佛寺就是在道觀，而梵王則帶有濃厚的印度教的色彩，在佛教則為護法神，一個寺廟叫這樣的名字，在全國也極其少見，如果不是洛陽歷史上真有以此命名的寺廟作為原型，民間的劇作家是很難將劇情安排到這樣一個地方的。洛陽寺廟道觀眾多，譬如關林廟與廣化寺在洛陽南部都很知名，如果洛陽歷史上沒有存在過一個梵王宮，劇作家將故事安排到關林廟或廣化寺似乎更合邏輯。因此我們認為，豫劇《梵王宮》裏的梵王宮，實有原型，其原型就是龍門天竺寺中的梵王殿，梵王殿確實存在過數百年，歷史非常悠久，卻從未有人揭示過其與豫劇《梵王宮》的關係，不可不予介紹。

在今洛陽龍門山北寺溝村海校路西盡頭，有一條大溝，裏面有數孔泉水，就是洛陽歷史上非常有名的天竺寺遺址，大名鼎鼎的梵王殿就坐落在寺內，儘管今已不存。「梵王」指的是印度教所信奉的大神，最為著名的如「梵天」、「毗濕奴」、「濕婆」、「帝釋天」等等。後來佛教興起後，將之降為自己的護法神，統稱之「梵王」，並改「毗濕奴」為「那羅延天」或「毗紐天」；改「濕婆」為「大自在天」或「摩醯首羅天」。諸梵王中，那羅延天地位較高，民間稱之為「大力神王」，與「密跡金剛力士」一起成為佛教最著名的護法神，兩者後來

---

〔註3〕周妙中：《清代戲劇史》，鄭州：中州古籍出版社，1987 年第 23 頁。
〔註4〕石磊：《石磊文集Ⅱ》北京：中國戲劇出版社，2012 年，第 79～80 頁。

在道教中又演變成著名的「哼哈二將」，站立在廟門口。龍門石窟中，許多石窟門口都有兩個力士，其中之一就是那羅延神王。

隋代高僧靈裕，在安陽寶山建立「大住聖窟」，門口左側的護法神即是那羅延神王，保留至今。那羅延神王作為寺廟的護法神，一直到元末明初時期才逐漸被關羽所替代。龍門西山的天竺寺，是洛陽地區唯一有記載建有梵王殿的寺廟，並且該寺廟至少存在到元朝末年。1975 年，在廣化寺西北一公里的寺溝村，出土了一塊宋碑，題名為「龍門山天竺寺修殿記」，是記載洛陽梵王殿的重要史料：

> 通常入於無體，時出而應物，循緣而盡，則復……，靡刃而天下舉，失其恬淡寂常之真而日淪於生死……，空無我之說，乘人之厭而救之，以室情實，以開性天。同於萬物而……，佛之道豈小補哉？顯跡應世，現非一相；寓名雖異，則博施濟眾之實則……已，若那羅延神是也。天竺者，西印度之一國耳。佛自西方化流於震旦之地，西法始顯。唐代宗即位之元年，梵僧五百自天竺來，以扶化而開人之天，駐錫於洛之龍門山，構梵剎以容其眾人。得開天之靈，則地之靈豈得不開哉！故那羅延神者，應時現跡，運道神變，達祇陀之源而泉，於是以發地之靈。於是披榛而嘉木見，發石而清流激。山因澤而秀，林因滋而茂，土膏草肥，水冽竹修。憂恐者洗心而清，病疾者濯屙而醒，則是山之地始開靈矣。故謂其水曰：「八功德泉」，而名其寺曰「天竺」，為一山之勝絕。其後迭興迭廢，尤盛於德宗之正（貞）元間，歷五代之兵而燼於火。梁末復興。至宋慶曆中，雖殿像俱壞，其山清水靈，秀發一谷，而得於天者猶在。有河南馬守則，一日訪普照法師德政，謂師曰：「吾家孫未續，以何因獲其果？」師曰：「能興毀像廢殿，可取斯報。」因求廢殿，而得於天竺焉。獨出力新之，一年而落成，其費幾千緡。逾年而獲一孫，即原也。夫善之取報，豈不速哉！又其次子慶州戶曹旦，得疾甚危，取泉飲之而愈。謂其宰僧道莊曰：「所謂那羅延神者，像存而殿亡，旦願營以遷之。」未經而卒，囑其侄原曰：「崩，當成我志。」未幾，而侄亦病，又酌水而病癒。遂命工構之於泉亭之上，闢磽確，焚榴翳而得以故基焉。二殿即成，堂、庵、軒、廡不日而就。雕楹鏤栱，粉繪一新，丹碧交煥。夫物之興廢，一時而已。馬甥原，囑余記廢興，以

記歲月，用刻諸石。俾夫洛之人知天竺之地也，非他寺之所可擬也。
元豐七年歲次甲子三月十有五月。鉅鹿魏宜記，洛陽孟天常書，河
南褚道符題額。孫三班借、職、懌；曾孫震、臨、觀、常、益，元
（玄）孫充，同立石。住持覺濟大師道莊，寺主願清，刊字張士廉。
紹聖四年閏二月日，寺主願清重修佛殿記。〔註5〕

　　可知天竺寺的建立，是由於唐代宗元年（762）有五百梵僧來到洛陽。查
諸史料可知，唐代宗元年十月二十九日，唐軍才收復洛陽，趕走史朝義。在
經受戰爭摧殘、百廢俱興的情況下，有五百梵僧來到洛陽，無疑是受到政府
歡迎的。揣摩碑文的語氣：「梵僧五百自天竺來，以扶化而開人之天，駐錫於
洛之龍門山，構梵剎以容其眾人。」天竺寺似乎是這五百梵僧自己籌資建立
的，無怪乎官方沒有相關記載。唐睿宗時名僧寶思惟曾在龍門東山建立過一
個天竺寺，唐睿宗還給賜予過寺名。蘇頲《唐龍門天竺寺碑》曾有記載：「（寶
思惟）法師乃亂流東濟，止彼香山，又於山北見龍泉二所，……法師樂之，
爰創方丈，臨於咫尺。……更於其側造浮圖精舍焉。……景雲歲辛亥（711）
月建巳日辛卯制：以法師所造寺賜名曰天竺。」〔註6〕根據此記載，可知寶
思惟禪師在唐睿宗年間所建的天竺寺位於龍門東山北，可稱之為東天竺寺；
而五百梵僧所建的天竺寺則位於龍門西山北，可稱為西天竺寺，兩者不是同
一個寺廟。《舊唐書》記載，開元十年（722）：「伊水暴漲，毀城南龍門天竺、
奉先寺。」〔註7〕。可見，寶思惟禪師所建立的東天竺寺，僅僅存在十餘年
就被伊河水沖毀。

　　令人感到奇怪的是，五百梵僧所建立的西天竺寺內有寺主，有住持，碑
文標題又點明所修是「佛殿」，馬守則所修的第一個大殿也是佛殿，顯然在宋
代時天竺寺是標準的佛教寺廟。但碑文中對佛的功德沒有怎麼提，卻反覆強
調的是那羅延神王的靈驗。如碑文明確說「博施濟眾之實則……已，若那羅
延神是也」，「故那羅延神者，應時現跡，運道神變，達祇陀之源而泉，於是
以發地之靈。」「所謂那羅延神者，像存而殿亡，且願營以遷之。」可見，起
碼對宋代的信眾而言，更感興趣的是不是對佛的信仰而是對那羅延神王的信

〔註5〕　張乃翥編：《龍門區系石刻文萃》，北京：國家圖書館出版社，2011年，第401
　　　　頁。
〔註6〕　（唐）蘇頲：《唐河南龍門天竺寺碑》//《文苑英華》卷856，北京：中華書
　　　　局，1966年，第4518～4519頁。
〔註7〕　（後晉）劉昫：《舊唐書·五行志》，北京：中華書局，1975年，第1357頁。

仰。《龍門山天竺寺修殿記》開頭那一段總論神力不可思議的文字，落腳卻在「那羅延神是也」，並且繼續讚揚那羅延神王既然能夠「開天之靈」，就更能夠「開地之靈」，那羅延神像既然坐落於天竺寺，就能夠使得寺廟的泉水具有治病救人的功德，故稱之為「八功德泉」。而作者作此文的目的在於「俾夫洛之人知天竺之地也，非他寺之所可擬也」，即天竺寺不同於其他佛寺之處，就是有那羅延梵王的神力。《龍門山天竺寺修殿記》碑的背面還刻有詩兩首，其一是馬守則所作的《天竺寺泉》：「大唐五百梵僧居，神號羅延翠琰書。暗引西流泉見底，穴開北岸水通渠。廚庖甘潔晨齋備，俗飲清淳夙療祛。故事最靈千古在，至今供汲盡真如。」此詩歌再次強調那羅延神的靈驗，使得寺內泉水能夠祛病。文中明確講「故事最靈千古在」，說寺內泉水能祛病是「故事」，這就說明天竺寺內泉水能祛病的傳說由來已久，並非是從馬守則的年代才開始的。

　　雖是佛寺卻更加重視那羅延神王，正是唐密的特徵。密宗是印度佛教與印度教進一步融合的產物，很多印度教的大神在佛教中取得了與佛同等重要的身份，佛教由顯教的菩薩崇拜轉換為了金剛神王崇拜。這樣，原來僅僅是佛教護法的那羅延神王，也就被認為是佛身，顯赫無比。密宗在中國是佛教八大宗派中興起最晚的宗派，直到唐玄宗開元年間，才由著名的「開元三大士」善無畏、金剛智、不空創立。西天竺寺創立的唐代宗元年（762），正是密宗高僧不空活動的時期，不空借助在安史之亂中支持唐肅宗平叛而獲得唐政府的認可，獲得了唐肅宗與唐代宗的信賴與禮遇。需要提及的是，不空曾於開元二十九年（741）到獅子國及印度求法，並周遊印度，天寶五年（746）才回國。他在印度期間，必定對統一強盛的大唐帝國有所描述，結合當時印度北方正好處於戒日帝國崩潰後的亂世，有眾多僧人願意跋山涉水來到中國是完全可能的。天寶十五年（750）七月，安祿山攻陷長安之後，不空審時度勢，暗中與唐肅宗通報消息，已經獲得了唐肅宗的信任。不空來華的目的就是擴大密宗的影響力，那麼設想他為了擴大密宗的勢力，派人到印度招徠大量密宗僧侶不是不可能的。因此，《龍門山天竺寺修殿記》中提到這五百名梵僧，與密宗有關較為肯定，與不空有關也是可能的，他們用來建寺的資金受到不空的資助也是完全可能的。查諸史料可知，唐代圓照所撰的《代宗朝贈司空大辯正廣智三藏和上表制集》中，有一則不空的《請置大興善寺大德四十九員敕》，其中羅列了不空看中的四十九名僧人，其中之一就是「天竺寺僧談義」，廣德二年（764）正月，

唐代宗「敕旨依奏」。〔註8〕此時，天竺寺才僅僅成立一年多，就有僧人能得到不空的賞識，因而猜測建立天竺寺這五百梵僧可能原來就與不空有關，並非空穴來風。

西天竺寺建立於唐代宗元年（762），也能得到墓誌資料的支持。龍門西山近年出土的《唐故安國寺主大德禪師比丘尼隱超墓誌》，講隱超比丘尼於大曆十二年（777）八月十二日，「遷化於本寺精舍，及以其月廿一日，寧神於河南縣天竺寺之南原，先闍梨塔次，禮也」。〔註9〕如前所述，寶思惟建立的東天竺寺，位於香山北麓，其南盡是石頭山，並無「南原」，所以，隱超所葬的天竺寺南原，一定指的是五百梵僧所建的西天竺寺南原。可見，至少到了大曆十二年（777）時，唐朝人所說的天竺寺已經指的是西山的天竺寺了。墓誌還提到，隱超葬在「河南縣天竺寺之南原，先闍梨塔次」，這裡的「闍梨塔」，沒有提及墓主名字，但「闍梨」一詞，明顯就是密宗高僧的稱謂。此時距離天竺寺的建立，已經有十五年，估計已經有天竺寺高僧圓寂建塔於寺南，而隱超比丘尼顯然是尊其為師的，所以才在闍梨塔後安葬。

西天竺寺到了唐武宗會昌五年（845）就遭遇上了著名的滅佛事件。唐武宗於當年四月下令滅佛，規定西京長安留下寺廟四所，東都洛陽留下寺廟二所，節度使共三十四州，其治州留寺一所，其他刺史所在州不得留寺，全部毀除。天竺寺不在保留之列，被政府拆毀，成為廢寺。故20世紀70年代，在龍門寺溝村曾發現一題額為《唐東都聖善寺志行僧懷則於龍門廢天竺寺東北原創先修塋一所，敬造尊勝幢塔並記》，時間是大中四年（850），天竺寺剛剛被拆除四年多，故稱為「廢天竺寺」。

《龍門山天竺寺修殿記》記載，天竺寺「其後迭興迭廢，尤盛於德宗之正（貞）元間（785～804），歷五代之兵而燬於火。梁末復興。至宋慶曆中，雖殿像俱壞，其山清水靈，秀髮一谷，而得於天者猶在。」說明天竺寺在梁末重建，到北宋慶曆年間（1041～1048），已經是「殿像俱壞」，又成為廢寺。然而在三十多年後，馬守則看到的情況則是「所謂那羅延神者，像存而殿亡」，那羅延神像還在，只是大殿已經不在，可能是慶曆年間有人重建的神像。

金元時期，天竺寺還在。登封法王寺有《復庵和尚塔銘》碑，碑陰刻有《復

〔註8〕（唐）不空：《請置大興善寺大德四十九員敕》//（日）高楠順次郎等：《大正藏》第52冊，臺北：新文豐出版公司，1983年，第830頁。

〔註9〕陳長安：《龍門十寺》，鄭州：中州古籍出版社，2018年，第256頁。

庵圓照宗派表》，在復庵和尚的孫輩有「天竺寺懋法師」字樣。〔註10〕復庵圓
照（1206～1283），是元初曹洞宗名僧萬松行秀的弟子，他曾在 1262 至 1267
年住持少林寺，在 1267 年至 1276 年則專任法王寺住持。〔註11〕龍門天竺寺
的懋法師既然是他的法孫，當然傳的也是曹洞宗的法脈。

　　元代以後，天竺寺的名字不再見於記載，但明清時期，恰好是中國戲劇崛
起的黃金時代，我們認為，豫西地區出現的《洛陽橋》劇本中出現的梵王宮，
就是天竺寺中的梵王殿，其中的梵王指的就是那羅延神王。因為洛陽地區的寺
廟的寺廟道觀中，明確記載有供奉梵王的寺廟只有天竺寺，關於梵王（那羅延
神王）靈驗和寺內泉水能治病的傳說從唐代一直不絕。從明清洛陽城到天竺寺
趕廟會，洛陽橋也是必經之路。我們甚至可以揣測，或許明清時期天竺寺改名
為梵王宮，仍存在過很長時間，只是還需要史料的進一步證實。

　　知名戲劇對文化景觀的帶動作用不可估量。洛陽是歷史文化底蘊豐厚的
歷史文化名城，天竺寺是洛陽歷史上的著名寺院。白居易曾有《宿天竺寺回》、
《題天竺南院贈閒元旻清四上人》、《天竺寺七頁堂避暑》等三首詩描繪天竺
寺。《梵王宮》是豫劇的主打劇目，耶律含嫣與花雲的愛情故事在全國的戲迷
心中有很高的知名度。雖然天竺寺今已經不存，但遺址仍在，沒有開發。從這
個意義上講，挖掘出梵王宮與天竺寺的歷史聯繫，就是為洛陽市挖掘出了一個
潛在的文化景點。

---

〔註10〕王雪寶編：《嵩山少林寺石刻藝術大全》，北京：光明日報出版社，2004 年第
　　　　286 頁。
〔註11〕崔波：《嵩山大法王寺第九代住持復庵圓照史事考》//《佛法王庭的光輝》北
　　　　京：社科文獻出版社，2014 年，第 396 頁。

# 第三十七章　唐代著名的翻經道場——
洛陽天宮寺

　　邵雍於仁宗皇祐元年（1049）他 39 歲時由共城移居洛陽，最初寄居在天宮寺內，雖然幾年後在履道坊附近有了簡陋的房子，娶妻生子，但其教學活動一直在天宮寺進行，一直到嘉祐七年（1062）他 52 歲時，安樂窩新居建成為止，前後在天宮寺的時間長達 13 年之久。故而洛陽天宮寺對于邵雍來說，是伴隨其度過困難階段、實現人生轉折的福地。故而有必要追溯天宮寺的源流，雖然學界已經對此有所論述，但就對史料的運用與分析而言，仍有可議的空間，試為言之。

　　《魏書・釋老志》記載：「天安中，於天宮寺造釋迦立像，高四十三尺，用赤金十萬斤，黃金六百斤。」這裡的天宮寺，指的是北魏平城京（今山西大同）的天宮寺。天宮寺的釋迦佛像竟然用「赤金十萬斤，黃金六百斤」，可見天宮寺在北魏地位很高，推測應該位於京城裏面。北魏遷都洛陽後，在洛陽也重建了天宮寺，位於漢魏洛陽城（今白馬寺東）。後來隋唐重建洛陽城，天宮寺也遷到隋唐城。

## 一、唐代早期的天宮寺

　　唐代的天宮寺與北魏的天宮寺一脈相承，可由唐代高僧神秀的事蹟得知。《唐會要》卷四十八載，天宮寺為「高祖潛龍舊宅，貞觀六年立為寺。」說明唐代天宮寺始建於公元 632 年。《佛祖歷代通載》卷十二記載：「（神秀）禪師武德八年受具於天宮寺，至是年丙午復終於此寺，蓋僧臘八十矣。」武德八年

為公元 625 年，說明當神秀在天宮寺受具足戒時，這個天宮寺是位於漢魏故城的老天宮寺；七年後，李淵捨宅為天宮寺，應該是老天宮寺僧遷入了新天宮寺，故當神秀於唐中宗神龍二年（706）去世時，才說「復終於此寺」，可見說兩個天宮寺一脈相承，是有根據的。

唐代貞觀年間的天宮寺高僧，有明略、法護和玄則，均以義理馳名。《續高僧傳》卷第十三記載：「岳弟明略，身長七尺三寸，十九出家，志懷遠悟，容儀清肅，特善涅槃。學人從集，有聲京洛，住東洛天宮寺。」明略（572～638），是唐初著名的攝論師道岳的弟弟，道岳對《俱舍論》與《攝大乘論》有很深的研究，是初唐時期的高僧。玄奘在未出國時，就曾在長安向道嶽學習《俱舍論》。明略則以《涅槃經》知名於世。所以不管是從年齡還是從師承上說，明略都是玄奘的老師輩的高僧。

與明略大約同時的高僧還有法護，法護是趙郡人，隋大業三年出家，三十二歲居慧日道場，擅長《中觀》《涅槃》《攝論》，唐初詔請五位大德高僧，法護名列其中。貞觀二十年敕住天宮寺，十七年圓寂，享年六十八歲。法護雖是僧人，不修邊幅、不畜資產，但喜歡丹道，服食丹藥，曾撰寫《攝論指歸》等論文二十餘篇。

太宗朝時期，天宮寺僧人玄則曾參與玄奘的譯經場。《大唐慈恩寺三藏法師傳》卷六記載，參加譯場的有「幽州昭仁寺沙門慧立、洛州天宮寺沙門玄則等。」可知太宗朝時期，天宮寺是兩京地區有名的大寺。

高宗朝時期，天宮寺有名的僧人有明導、曇光還有守節，他們都是在律學方面頗有建樹的高僧。明導，俗姓姚，吳興人。因隋末戰亂喪失雙親，出家為僧。貞觀初年，居住在陳州，不久遠遊至礫礪二師門下學習，龍朔二年敕住東都天宮寺。麟德元年，高宗造了老子像，敕令送到邙山上清宮。長史韓孝威假傳聖旨，命令僧人也要沿路護送，受到明導的堅決抵制。洛陽僧尼都聚集在天宮寺，抵制這次活動。明導由此獲得極大的威望。明導對弟子僧眾要求很嚴。有一次考試度僧，眾僧雲集，因朝廷派來的官員遲到，過了中午還沒有到來，有些僧人就私自取食，觸犯了「過午不食」的戒條，明導見到後，斥責他們公然違反戒律。於是就索水清漱，絕食月餘，在道俗的苦勸下才重新進食。

曇光俗姓張，汴州人，投師於礫礪二師門下，學習經論。《續高僧傳》卷二十三記載，礪師歎曰：「使吾道流河右，誠此人乎！」又往玉法師處學習《法華》和《地論》。理論通達後，又往嵩嶽相禪師學修止觀，對世間名利則無所

追求。以德行高邁，敕住洛陽天宮寺，並擔任上座，「四方律學莫不諮詢。故其房宇門人肩聯踵接。」就連當時西明寺著名的律師君度，也跟隨曇光學習。

乾封二年（667），南山律宗的創立者道宣律師在終南山淨業寺創立戒壇，洛陽天宮寺的守節法師應邀出席了戒壇法會。道宣在《關中創立戒壇圖並序》中提及了此事，加之上文提及的曇光法師的律學成就，說明當時天宮寺內的律學研究在全國很有影響。

在唐高宗時期，皇帝還有一次在天宮寺度僧的行為。《舊唐書》卷四記載：「（永徽六年）九月甲辰，以河南縣大女張年百三歲，親幸其第。又幸李勣之第。天宮寺是高祖潛龍時舊宅，上周歷殿宇，感愴久之，度僧二十人。」

## 二、武周和唐中期的天宮寺

武周時期，天宮寺僧為禪宗北宗神秀繫傳承。神秀，陳留尉氏人，唐武德八年（公元 625 年）在洛陽天宮寺受具足戒，後師從禪宗五祖弘忍，為弘忍門下上座弟子，實際上與法如為並列為弘忍門下最出色的弟子。只是後來在徒孫輩被南禪弟子超越，故在《壇經》中被南禪弟子蔑稱為「只登堂未入室」，這個評價對神秀來說是及其不公正的。實際上，神秀的漸修禪法，正是從達摩到弘忍的嫡傳法門。這個評價至少在其弟子普寂和義福的時代，是得到朝野承認的。神秀在神龍二年圓寂於天宮寺，享年百歲。

《太平廣記》卷九十四記載：「華嚴和尚學於神秀，禪宗謂之北祖，常在洛都天宮寺，弟子三百餘人。每日堂食，和尚嚴整，瓶缽必須齊集。」

武周時期，天宮寺還有高僧惠秀。俗姓李，陳留人，初學戒律，後學止觀，再到湖北荊州地區學習經論，學成後來到洛京天宮寺。《太平廣記》九十七記載：「唐玄宗在藩時，常與諸王俱詣作禮，留施一笛。玄宗出後，秀召弟子曰：謹掌此，後有要時，當獻上也。及玄宗登極，達摩等方悟其言，取笛以進。惠秀後來又住長安資聖寺，享年百歲而終。其弟子燕國公張說將其遺骨送到洛陽龍門山安葬。

武周時期，天竺寺還有印度來的高僧寶思惟，《宋高僧傳》卷第三記載，他於天後長壽二年（693）來到洛陽，被安置在洛陽天宮寺。他先後在天宮寺、佛授記寺、福先寺譯出《不空罥索陀羅尼經》《佛說隨求即得大自在陀羅尼神咒經》等七部佛經。他後來請在龍門香山北依印度規矩建立一天竺寺，就是洛陽歷史上的東天竺寺，寶思惟於開元九年（721）圓寂於此，享年百歲。此寺不久後被伊河水沖毀。

　　長壽二年，天宮寺還有一個梵僧名「摩難陀」，曾參與翻譯《佛說寶雨經》，這是一部提及女主掌國典故的佛經，受到剛剛稱帝的武則天的重視。

　　武周時期，天宮寺由於緊挨著天樞與天津橋，頗受女皇重視，被視為絕佳的祈雨場所。《獨異志》卷上記載了一則與武則天祈雨有關的故事。說武周時期，天下大旱，女皇請洛陽的高僧聚集在天宮寺祈雨。由曇林法師講《仁王經》，就發現在聽眾中有兩個白鬍子老者，相貌不凡。曇林法師講完經之後，就將兩位老者請到客堂，問他們從哪裏來？回答說是伊洛河的龍王。曇林說我們正在祈雨，你們既是龍王，為何不降雨呢？老者回答說，降雨要有天帝的敕令。如果能找一個高水平的修行者，寫成奏章，上奏於天。天帝知之，然後得到天符，我們才敢降雨。時高道孫思邈正在嵩山修道，於是女皇請得孫思邈，白天飛符，當晚大雨滂沱。孫思邈於是向兩位老者詢問，自己修道五十年，一直沒有開悟，不知何故？老者回答說，「非利濟生人，豈得升仙。」於是孫思邈隱居到青城山，靜心寫作《千金方》三十卷，後果然開悟。

　　玄宗朝時期，著名畫聖吳道子曾在天宮寺留下得意之作。《獨異志》卷中記載，開元中，有所謂的三絕之說。李白的詩歌是一絕，吳道子的畫是一絕，裴旻舞劍為一絕。開元年間，裴旻喪母，想請吳道子在天宮寺畫鬼神圖數壁，為母親追冥福。吳道子說，我很久都沒有作畫了，你若真有意，就請與我舞劍一場，我由此才可以激發出靈感。於是裴旻「走馬如飛，左旋右抽，擲劍入雲，高數十丈，若電光下射，旻引手執鞘承之，劍透空而下。觀者數千人，無不悚栗。」吳道子於是精神大振，在天宮寺的牆壁上作畫數壁。「俄頃之際，魔魅化出，颯然風起，為天下之壯觀。道子平生所畫，得意無出於是。」被認為是吳道子最得意的畫作。

　　一行法師是唐代著名的天文學家與數學家，也是唐密的創始人之一。是「開元三大士」之一的善無畏的弟子，曾在洛陽大福先寺注釋密宗胎藏部的根本經典《大日經》。《太平廣記》卷一百三十六記載，唐玄宗曾與一行法師共登天宮寺閣，這是天宮寺內最高的閣樓，站在樓頂，可以遠眺洛陽城。當時唐玄宗問一行法師，自己是否能平安度過一生？一行法師回答說：「陛下行幸萬里，聖祚無疆。」之後安史之亂起，玄宗被迫逃亡西蜀，一路如驚弓之鳥，看到成都錦江有一大橋，就問橋名，節度使崔圓回答說是「萬里橋」，玄宗忽然想起一行法師說他「行幸萬里」，但最終無虞的話，才感歎一行法師預言的準確：「一行之言，今果符之，吾無憂矣。」

　　玄宗時期，著名的學問僧道氤法師曾經應邀在天宮寺講學。道氤俗姓長孫，長安高陵人，少年曾中進士。有一次有個梵僧求見，與之交談，道氤發現其言語不凡，送他出門時，梵僧突然不見。道氤認為這是異人有意度化自己，於是放棄功名，出家為僧。先學律典，再學經論，歸宗淨土，直到內外皆通。道氤不僅才華橫溢，而且有雄辯之術。受到玄宗的重視，在玄宗幸洛時，命道氤陪同，道氤到了洛陽後，受到御史李諍同的邀請，在洛陽天宮寺講自己的著作《淨業障經疏》。當時一行法師已經病重，擔心自己圓寂後，僧界無領袖。就在洛陽福先寺組織了大辯經會，道氤在辯論會上，引述瑜伽唯識因明百法等唯識學知識，辯倒對手，一舉奪魁。一行法師很欣慰的說，看到僧界有如此人物，我就是死也安心了。開元十八年於花萼樓舉行佛道二教辯論，道氤口如懸河，道士理屈詞窮，玄宗感歎再三。曾撰《大乘法寶五門名教》《大乘法寶五門名教信法儀》各一卷、《唯識疏》六卷、《法華經疏》六卷，並在玄宗注釋《金剛經》時，給予指導，並親自為玄宗的注釋作疏，結集為《御注金剛經疏》六卷。

　　《全唐詩》第 141 卷記載，玄宗時代，著名的邊塞詩人王昌齡曾到訪天宮寺，並留下詩作《洛陽尉劉晏與府掾諸公茶集天宮寺岸道上人房》：「良友呼我宿，月明懸天宮。道安風塵外，灑掃青林中。削去府縣理，豁然神機空。自從三湘還，始得今夕同。舊居太行北，遠宦滄溟東。各有四方事，白雲處處通。」闡述了自己體會到的官場沉浮與人生感悟。文中提到的道岸上人，應是當時天宮寺的住持。

　　唐德宗時期，有個中印度僧人名蓮華，在興元元年（784）朝覲德宗，並向德宗乞鍾一口帶回印度。唐德宗於是敕令廣州節度使李復修鼓鑄完畢後，並送到南天竺金堆寺。蓮華則再將之帶回寶軍國毗盧遮那塔安置。後來蓮華和尚以《華嚴經》之《入法界品》與《普賢行願品》合為《四十華嚴經》，由商船帶回大唐，交給德宗以示感謝。此中《入法界品》與晉譯《華嚴》與武周譯《華嚴》大同小異，但《普賢行願品》則為新出，並且直接改變了普賢大菩薩的信仰形態，使之成為中國赫赫有名的四大菩薩之一。此品至今還是漢傳佛教僧人晚課的必讀書目。此經由罽賓沙門般若宣梵文，洛京天宮寺廣濟譯語，西明寺圓照筆受，在崇福寺翻譯。從貞元十一年（795）至第二年六月翻譯完畢。洛陽天宮寺僧廣濟是主要翻譯人。佛教史上一直把此經之翻譯歸功於般若，對於廣濟是及其不公平的。在當時，唐德宗認為，此番翻譯佛經，是能夠比美盛唐

時期玄奘譯經的盛舉，對組建譯場非常重視，廣濟能夠被朝廷指定為主要翻譯人，說明天宮寺內確實人才濟濟。

唐代後期天宮寺有所衰落，沒有名僧進駐，但仍是洛陽一著名景點。著名詩人白居易也曾在此留下詩篇。他在《早秋登天宮寺閣贈諸客》中誦到：「天宮閣上醉蕭辰，絲管閒聽酒慢巡。為向涼風清景道，今朝屬我兩三人。」表現了悠閒舒適的生活情境。

晚唐詩人劉滄也登臨天宮寺閣，留下《題天宮寺閣》一詩：「丹闕侵霄壯復危，排空霞影動簷扉。城連伊水禹門近，煙隔上陽宮樹微。天斂暮雲殘雨歇，路穿春草一僧歸。此來閒望更何有，無限清風生客衣。」描述了天宮寺的地理位置和周邊的景致。他眼中的天宮寺和洛陽已經沒有了昔日的繁華和盛況，而是充滿著蕭條與冷清。這又何嘗不是曾經強盛的大唐此時已經進入風燭殘年的象徵呢！

## 三、唐代以後的天宮寺

五代時期，天宮寺也是洛陽名寺。五代時期，政治風雨席卷了天宮寺。《舊五代史》卷九十二后唐明宗李嗣源病逝後，李從厚稱帝，但對於潞王李從珂非常猜忌，引起了潞王的叛亂。李從珂帶兵殺入京都洛陽，丞相馮道將百官集合在天宮寺，出迎潞王。

《資治通鑒》卷二百八十記載，天福元年（936 年），石敬瑭勾結契丹兵南下，奪取洛陽，建立後晉，石敬瑭將所帶的契丹兵安置在洛陽天宮寺，嚴格軍紀，百姓秋毫無犯，頗受好評。

後漢時期，天宮寺住持為從隱法師，法師是宜陽三鄉人，俗姓劉，自幼在本邑竹閣院出家，在嵩山受戒，早年學習《百法》、《中觀》、《彌陀》等經典，於後漢乾祐二年（949）圓寂。俗壽五十三，僧臘三十二。

北宋初年，天宮寺的住持為義莊法師，他是今安陽滑縣人，俗姓張，在本地開元寺出家，喜歡遊方，後在洛陽聽講《法華經》，被眾人所請，入住天宮寺九曜院。宋太祖建隆元年，被朝廷授予紫衣，跟他所學的僧尼有三十多人。義莊法師於太平興國三年（978）年去世，俗壽七十八，僧臘五十九，第二年二月遷塔於龍門菩提寺西側。

北宋時期的洛陽，不再是行政中心，人口大量減少，許多宅院被廢棄，但仍然保留了文化中心的地位。邵雍的《懷古賦》就講述當時的情況是「宮殿森列，鞠而為茂草；園圃棋布，荒而為平野。」

在野的士大夫們喜歡住在洛陽，把人去樓空的舊宅改造為風景優美的園林，在這裡讀書論道。受到這種氣氛的影響，洛陽的佛寺也將空餘的房子出租給讀書人使用，僧人與文士的交流，更加通暢。宋仁宗時期的天宮寺住持，是高僧宗顯，宗顯很長壽。真宗時期，他就在天宮寺，富弼早年在天宮寺讀書，宗顯跟著學了不少知識。仁宗皇祐元年（1049）邵雍由共城遷到洛陽，借住在天宮寺內，與宗顯交好。直到宋神宗熙寧年間，宗顯身體還很好，邵雍的兒子邵伯溫當時十幾歲，也在天宮寺讀書，他在《邵氏聞見錄》中回憶說：

> 熙寧間，宗顯尚無恙，伯溫嘗就其院讀書，宗顯每以富公為舉子事相勉，曰：「公夜枕圓枕，庶睡不能久，欲有所思。冬以冰雪，夏以冷水沃面。其勤苦如此。」康節先生《懷古賦》初無本，唯宗顯能誦之，年幾九十乃死。

邵雍的思想裏有些許佛教的影響，已為學者所論，應該和與宗顯的唱酬有關。如清朱彝尊在《經義考》中認為：「康節之水火土石，彷彿佛氏之地水火風也。色聲氣味，取諸佛氏之色聲香味也。」而他的元會運世的世界歷史演變循環論世界觀，與佛教「成住壞空」的循環論宇宙觀，雖然計算的方法不同，但也表現出思維模式的高度一致，不能不說受到佛教世界觀的影響。

天宮寺在宋末靖康之亂中，被金兵燒毀，如果從北朝算起，存世時間達六七百年之久。金代，道士在此地建起九真觀，金末被蒙古兵摧毀。元代再建起五賢祠，祭祀邵雍、程顥、程頤、司馬光、張載五賢，元末戰亂中再次被毀。明代建起四賢堂，祭祀邵雍、程顥、程頤、司馬光，後擴建為伊洛書院。清道光年間，書院被洛水沖毀。

總之，天宮寺起於北魏，盛於唐代，毀於宋末。一變為道觀，再變為書院，三變為祠堂。一代名寺雖已經不存，但今天安樂的邵雍祠與天宮寺仍有著某種繼承關係。所以其結局既不同於仍然存世的白馬寺與福先寺，也不同於徹底消失的天竺寺與敬愛寺。在佛教經典的翻譯、禪宗北宗的傳承和儒佛關係的相互影響方面，天宮寺有不可忽視的地位與貢獻。

# 第三十八章　道安法師弘法造像的道場
## ——洛陽興國寺

　　洛陽興國寺位於洛陽市伊濱區東石罷村，瀕臨伊河，隔伊河對岸就是當地著名的渡口「黃莊渡」，是洛陽漢魏故城向南去大谷關的船運要道。在主要依靠水陸交通的古代，這裡是繁忙的碼頭。興國寺位於水運碼頭對面，當然是因為商人是佛教寺廟的主要供養者，商人需要借助佛寺來保佑經商的順利，佛寺也需要商人提供的物質與幫助。

　　興國寺究竟建於何時已經不可考究。目前能夠看到的史料，最早的追溯到十六國時期。幸運的是，筆者在洛陽周邊地區進行調研時，在洛陽市伊濱區李村鎮石罷村興國寺發現了一塊十六國時期的造像石碑，碑石雖然整體風化毀損嚴重，但題記「□（釋？）道安供奉」卻依稀可辨，確定無疑。

## 一、道安法師興國寺造像

　　興國寺的造像石碑整體風化毀損嚴重。該造像石高 1.61 米，寬 0.79 米，厚 0.21 米。自上而下分為碑首、上部造像龕與下部造像龕三部分。碑首中間為一坐佛，兩條龍圍繞，龍頭朝下，龍尾交接於碑頂正中，龍身呈半圓形下伸，龍頭一個向左邊扭，一個朝右邊扭，兩條龍形成一個圓，坐佛位於其中。兩條龍的外側，是兩個中國化非常明顯的飛天，襪臂與帔帛飛揚而上，身體下傾，而頭上揚，朝向兩龍中間的坐佛，手中似乎拿有物品，具體為何物已經不可分辨。

　　上部造像龕是一個長方形的方龕，東西長而南北短，結構簡明，充分利用了空間。造像組合為一佛三菩薩二神王。主佛高 0.31 米，居中而坐於須彌座上。龕底生出八朵同根的蓮花，左右各四朵，分於佛的兩側。六尊菩薩分兩組左右站立於佛兩側的蓮花上，佛左側第一尊菩薩雙手合十，第二尊左手在胸前，右手下垂，持一寶瓶。其餘手勢等均不清楚。最外側的左右兩朵蓮花上站立的護法著盔甲，應是神王。佛左側神王殘缺，右側神王頭部殘缺。比較而言，菩薩像高 0.21 米，寬 0.06 米；神王高 0.22 米，寬 0.07 米。神王比菩薩像稍大，其站立的蓮花也明顯比菩薩站立的蓮花粗大。

　　下部造像龕是一個尖拱龕，下龕的左側的空白處上部，赫然寫有「□（釋？）道安供奉」的題記。主佛佛頭缺失，並且碑身斷裂處剛好通過佛頭，不知佛的具體高度，但通過佛身的對比，明顯比上佛體型大，坐姿為善跏趺坐，手印不詳。龕底生出六朵同根的蓮花，左右各三朵，分於佛的兩側。六尊菩薩分左右兩組站立於佛兩側的蓮花上。菩薩高 0.18 米，寬 0.06 米，與上龕菩薩大小相當而稍矮。護法力士則在龕門外兩側，佛左側力士殘缺，右側力士上部殘缺，僅留下腰部以下部分，身後燕尾式樣的戰裙後擺，和附近龍門石窟護法力士的樣子完全一致，而時代遠早於後者，應為後者的淵源。

　　題記「□（釋？）道安供奉」依稀可辨，確定無疑。據興國寺源融法師講，此碑在上個世紀的政治運動中，被村民埋入寺院地下，近日在翻地時挖了出來。碑身從半腰處斷裂為兩部分，佛像、字跡都模糊不清，似有被毀壞的痕跡。那麼，此碑所題寫的「道安」是否就是十六國時期的道安呢？

　　而查閱史料，洛陽佛教史上提到的道安只有兩個，其一是十六國時期的道安法師；其二是禪宗五祖弘忍的弟子老安，老安也稱道安或慧安。但禪宗僧人很少造像，即使有造像，也多是像龍門看經寺石窟那樣與禪宗祖師像結合的造像。也沒有史料記載唐代的道安禪師有造像的記錄。從種種跡象看，此造像碑，應為十六國時期的僧界領袖道安法師。

　　首先，下龕主佛為彌勒佛，與歷史記載十六國道安法師信仰一致。根據下龕主佛善跏趺坐的坐姿，可判定其為彌勒佛。上龕主佛則為釋迦佛。下龕彌勒佛身形大於釋迦佛，也與彌勒類佛典所說彌勒體量遠大於釋迦相符。只是我們所見到的彌勒釋迦造像碑，多數情況下是彌勒龕在上，而釋迦龕在下。而這個

道安法師所造彌勒釋迦龕，則釋迦在上而彌勒在下。這種情況可能與道安法師的彌勒信仰有關。《高僧傳》記載：「安每與弟子法遇等，於彌勒前立誓，願生兜率。」〔註1〕可見，此造像碑與僧史記載道安的信仰狀況一致。

其次，神王像大於菩薩像，反映了十六國道安法師的神王信仰。《高僧傳》記載道安：「所注道般若行、密跡、安般諸經，並尋文比句，為起盡之義。」〔註2〕這裡的「密跡」，指得是《密跡經》，也稱《密跡金剛力士經》，西晉太康七年譯出。〔註3〕道安法師從眾多的佛經中選擇《道行般若經》《密跡金剛力士經》《安般守意經》三經進行注釋和解讀，是有深意的。《般若經》是講佛教義理的，《安般經》是講禪定的，《密跡經》是講神王護持佛法的。義理、禪定、護法，恰恰構成佛教信仰的有機整體。從他把《密跡金剛力士經》作為首先注釋弘傳的三本重要經典來看，道安法師是有密教神王崇拜的。知道了這一點，上部造像龕中神王像無論是高度還是寬度乃至腳踩的蓮花都比菩薩的大，就不難理解了，那就是反映了道安法師的神王信仰，這當然與他高度重視護持佛法的力量有關。

第三，我們注意到，十六國乃至北魏時期的石窟造像，與佛在一起的菩薩像大都比佛小很多，面目相似，形態區別不大，因此也不容易區分。而到隋唐時期，菩薩像就逐漸變大，各種各樣的菩薩像顯示出區別和個性。從本造像碑佛像遠大於菩薩像，而菩薩像區分度不高的情況看，此碑的年代當在北朝或北朝以前，這個判斷與道安法師所處的年代也是非常一致的。

最後，道安法師所造的兩龕造像，主佛左右都是三尊菩薩，這種造像組合比較少見。因為唐代造像，程式化已經非常明顯，一般是「一佛二弟子二菩薩二神王二力士」這樣的布局。而興國寺的道安碑造像則為很少見的「一佛六菩薩二力士」這樣的布局，與唐碑風格不同，從風格上看，應比唐碑早。

綜上所述，我們認為，此造像碑的年代為東晉十六國時期，功德主應該就是十六國時期的佛教領袖道安法師。

該碑碑身從半腰處斷裂為兩部分，佛像、字跡都模糊不清，似有被毀壞的痕跡。字體自上而下，第一個字已經毀壞，但根據道安曾有定天下沙門都姓「釋」的倡議，那麼他肯定會自己帶頭執行，故推斷第一個字應為「釋」字。

〔註1〕（梁）慧皎撰，湯用彤校注：《高僧傳》，北京：中華書局，1992年，第183頁。
〔註2〕（梁）釋慧皎：《高僧傳》，北京：中華書局，1992年版，第179頁。
〔註3〕（梁）釋僧祐：《出三藏記集》，北京：中華書局，1995年版，第32頁。

從而可知，道安法師南下時，曾到過興國寺，並在這裡供奉有造像碑石。此碑的出現，將該寺的歷史推到了遙遠的十六國時期，並且與名僧道安法師聯繫了起來。後趙末年由於出現了種族仇殺和旱蝗天災，迫使道安僧團先後入太行山、王屋山、陸渾山，經南陽進入了當時屬於東晉的邊境城市襄陽。

關於道安法師此次南下的路線，《高僧傳》裏這樣記載：「遂率眾入王屋女休山。頃之，復渡河依陸渾山，木食修學。」〔註4〕由於記載過於簡略，使得道安僧團在從王屋山到陸渾山這段旅行的具體路線，長期不為人知。此碑的出現，揭示道安法師在洛陽經停的地點是興國寺。

據興國寺源融法師講，此碑在上個世紀的政治運動中，被村民埋入寺院地下，近日在翻地時挖了出來。

### 洛陽興國寺殿宇

源融法師介紹說，前幾年寺內還有一塊造像碑，不知是何年代，後被偷走，今不知所蹤。石碑高1.16米，寬0.75米。並出示了兩張照片。從照片上看，該造像碑上端缺損。碑身份三層佛龕。佛龕除了上下分三層佛龕，比「釋道安造像龕」多一層外，龕的格局和組合都很類似。每龕內均是一佛左右各三菩薩七尊式的組合，菩薩像造型各異。上龕主佛結跏趺坐於雙面蓮花寶座上，雙手施禪定印，兩側菩薩均站蓮花，左右對稱，推測上龕主佛為過去世燃燈佛。中

〔註4〕（梁）釋慧皎：《高僧傳》，北京：中華書局，1992年版，第178頁。

龕為帷帳龕，主佛結跏趺坐於須彌座上，左手撫膝，右手上抬，手印不詳，似為說法印，推測應為現在世釋迦佛。下龕為尖拱龕，龕內主佛亦善跏趺坐，雙腳各踏一蓮花，為未來世彌勒佛，佛左手撫膝，右手上抬，手中持一物，物品不詳，其寶座為左右有伸出龍頭的龍座，非常罕見。左右的菩薩也站在蓮花上。彌勒菩薩坐龍座，應是從《佛說彌勒下生經》裏引申而來。彌勒佛確實是與龍有些關係的。《佛說彌勒下生經》記載說，當彌勒將要在翅頭城降臨時，「爾時城中有龍王名曰水光，夜雨香澤，畫則清和。」〔註5〕《佛說彌勒成佛經》中也有類似的描述。〔註6〕後來傳入中國後，中國人認為彌勒可以降龍。故常在江水泛濫之處，建立彌勒大象以鎮龍王。距離洛陽不遠的鶴壁浚縣的黃河故道邊的大伾山上，雕鑿有 22 米高的善跏趺坐的大彌勒石佛，就是道安的老師佛圖澄用來震懾黃河龍神的。明代浚縣縣志記載：「石勒以佛圖澄之言，鑱崖石為佛像，高尋丈，以鎮黃河。」〔註7〕樂山大彌勒佛，也是用來鎮河，其經典依據，都是從《佛說彌勒下生經》與《佛說彌勒成佛經》而來。

由於此造像碑上沒有發現題記，故年代很難斷定，但至少應在唐代以前。其佛菩薩像的組合方式和道安造像碑很接近，一佛六菩薩的組合，在其他地方也很少見。此造像碑不能排除也是道安法師所造的可能。如果不是道安法師所造，則至少也受到道安法師造像碑的強烈影響。

興國寺所在的萬安山，向南距離陸渾山還有幾十里的距離。萬安山屬於洛陽近郊，是兵家必爭之地，在那個戰亂的年代，這種地方不可久居。從《高僧傳》記載道安僧團「頃之，復渡河依陸渾山」來看，道安法師雖然居住於興國寺的時間也確實並不長，但是卻有在此造像的舉措，說明他很看重這個寺廟，並且有可能在此講法，我們可以據此造像碑推斷出道安法師講法時的狀況。根據《高僧傳》記載：「苻堅遣使送外國金箔倚像，高七尺，又金坐像、結珠彌勒像、金縷繡像、織成像各一張。每講會法聚，輒羅列尊像，布置幢幡，珠珮迭暉，煙華亂發。使夫升階履闥者，莫不肅焉盡敬矣。」〔註8〕雖然這裏講的

---

〔註5〕（西晉）竺法護：《佛說彌勒下生經》// 陳泉州：《彌勒淨土集》，北京：華夏出版社，2009 年版，第 470 頁。

〔註6〕（姚秦）鳩摩羅什：《佛說彌勒成佛經》// 陳泉州：《彌勒淨土集》，北京：華夏出版社，2009 年版，第 479 頁。

〔註7〕轉引自任思義：《談談浚縣大石佛的創鑿年代》// 浚縣文物旅遊局編：《大伾文化（一）》，北京：文物出版社，2004 年版，第 266 頁。

〔註8〕（梁）釋慧皎：《高僧傳》，北京：中華書局，1992 年版，第 179～180 頁。

是道安在襄陽的情況，但道安法師講法時，將佛像列於講堂，應該是他一貫的
習慣。那麼根據造像碑上兩龕造像，我們就可以推斷出他在洛陽講法時，法堂
上供奉的佛像，應該就是造像碑上那些佛菩薩、神王與力士。具體而言，當他
在興國寺講釋迦類經典時，法堂上供奉的應該就是造像碑上龕的一佛三菩薩
二神王；而在講彌勒類經典時，所供奉的應該就是一佛六菩薩二力士。

　　洛陽興國寺釋道安造像碑的發現，有一定的學術意義。首先是明確了道安
僧團南下時經過洛陽時的具體路線。釋道安造像碑在石罷村的發現，使我們明
確道安僧團從王屋山南渡黃河後，向南進入陸渾山的具體路線，是由黃莊渡過
伊河，在石罷村興國寺停留講法後，往南經過東宋村，那裏有西晉時期祭天的
圜丘遺址，再向南則翻越萬安山主峰，那裏有著名的玉泉寺和白龍潭，是偃師
進入伊川和陸渾山的孔道之一。我們推測，道安僧團為躲避戰亂，走伊河水道
的可能性不大，翻越萬安山的孔道，可能是他們所走的道路。其次，使道安法
師提倡天下沙門都姓「釋」的想法與倡議，提前了至少十五年。根據《高僧傳》

的記載：「既至，住長安五重寺，僧眾數千，大弘法化。初魏晉沙門依師為姓，故姓各不同。安以為大師之本，莫遵釋迦，乃以釋命氏。」〔註9〕那麼按照《高僧傳》的說法，道安法師是在公元380年到了長安以後，看到弟子數千，不好統一，才倡導使用釋姓的。可是，道安之前曾在襄陽長駐十五年（「安在樊沔十五載」〔註10〕），在他南下襄陽之前，在洛陽的興國寺裏，他就有了在自己名字前加「釋」的舉措，說明他統一天下沙門姓氏的想法由來已久，至少在南下洛陽的公元365年就有，比傳統所認可的說法提早了十五年。

洛陽興國寺「釋道安造像碑」的發現，為發現道安僧團南下路線洛陽段開了一個好頭，但問題並沒有完全解決，僧團在陸渾山停泊的時間更長，但現在還未找到蛛絲馬蹟。我們相信，只要留心，以後或許會有線索出現。

## 二、唐宋時期興國寺的「加句靈驗佛頂尊勝陀羅尼傳碑」

興國寺有一個八棱陀羅尼經幢，四面已經磨光，無法識別。但另外四面文字尚能識別。就能識別的文字而言，分為二個部分：第一部分是武徹的《加句靈驗佛頂尊勝陀羅尼記》的第一部分。第二部分為啟請文內容；第三部分為陀羅尼的內容，已經無法辨識。下面僅就前兩部分內容進行討論。其第一部分內容為：

> 佛頂尊勝陀羅尼者，一切如來秘密之藏，總持法門，大日如來智印，吉祥善淨，破一切惡道，大神力陀羅尼也。昔儀鳳年中，佛陀波利所傳之本，遍天下幡剎，持誦有多矣。徹自弱歲，則常念持。永泰初，自喪妻之後，倍益精心，求出離法。時有殿中侍御史蔣那者，常持誦此陀羅尼，異日於私室，倏然而來曰：「今得究竟道，非常難遇。」徹敬問之，即尊勝陀羅尼也。命之令誦，而文句全廣，音旨頗異。拜而誦之，乃曰：「受之於王開示，受之於金剛智三藏。大師云：『西國亦希有此本，吾將梵本來，故密授焉。』」坐中歎奇絕之事而罷，未獲求本。俄而將刑殁世，常懷遺悔，追悔不及。每遇精士，即求問之，冀其萬一。遂遇僧際公，果有此本文。開元中，五臺山下，有一精修居士，姓王，有事遠出行，去後父亡，回來不見。至心誦尊勝陀羅尼數十萬遍。願知見先考所受生善惡業報，精

---

〔註9〕（梁）釋慧皎：《高僧傳》，北京：中華書局，1992年版，第181頁。
〔註10〕（梁）釋慧皎：《高僧傳》，北京：中華書局，1992年版，第181頁。

誠懇願，殊無覺知，遂欲出山。見一老人，謂居士曰：「仁者念持，定為勤敏，然文句多脫略。我今授示全本文句。」居士拜而受之。乃云可誦千遍。殆然經數日，於夜中，忽聞環佩簫管之聲，降自庭宇。此時居士驚起視之，見天人數十輩，共圍繞一天仙。前謂之曰：「汝識吾否？」居士答曰不知。天仙曰：「我是汝父，比年誦持尊勝陀羅尼，吾得爾之福力，然後數月已來，福倍於積歲。不知汝更得何本？以至於斯。吾今以汝之力故，獲為天仙之王。則知汝所持念，功效不可量也。」言訖上升而去。

該段主要講此「加句靈驗尊勝陀羅尼」的來源和靈驗。一是由王開示從金剛智三藏那裏傳來。一是由五臺山王居士從一個老者那裏得來。從後文中得知，兩個本子是同一個本子。

第二部分為啟請文：

> 稽首千葉蓮花座……聞持妙章句九十九億師尊宣……能滅七返……若願我心眼常開悟，所有功……十方剎土諸如……方……眷屬，散脂大將藥叉王冥司地主……薄官二童子已上聖賢諸眾等／願聞啟請悉降臨，擁護佛法使長存，各各勤行世尊教，所有聽徒來至此，或居地上或居空，一聞佛頂尊勝言……含……。

經過仔細對比，筆者發現此啟請文與俄藏敦煌文獻啟請文內容一致：

> 稽首千葉蓮花座，摩尼殿上尊勝王，廣長舌相遍三千，恒沙功德皆圓滿。灌頂聞持妙章句，九十九億世尊宣。僑尸迦為善住天，能滅七返傍生路。稀有總持秘法藏，能發圓滿廣大心，我今具足是凡夫，讚歎總持薩婆若。願我心眼常開悟，所有功德施群生，十方剎土諸如來，他方此界諸菩薩，八部龍天諸眷屬，散脂大將藥叉王。冥司地主焰摩羅，善惡薄官二童子。已上聖賢諸眾等，願聞啟請悉降臨，擁護佛法使長存，各各勤行世尊教，所有聽徒來至此，或居地上或居空，一聞佛頂尊勝言，蠢動含靈皆作佛。〔註11〕

只有一個是「師尊」，一個是「世尊」，一個字的不同而已。啟請文以下，有「加句靈驗陀羅尼曰」的字樣，可見以下為陀羅尼文，已經漫漶無法辨識。

---

〔註11〕轉引自溫建明：《東莞南漢大寶五年經幢歷史與文字考》，《百色學院學報》2011年第5期，119頁。

　　該經幢由於沒有發現年代，故斷代非常困難。筆者初步斷定其為晚唐至宋之間。因為武徹的文章中出現了晚唐的年號長慶三年（823），故此經幢的上限為晚唐。敦煌文獻在宋代時期即已經封存，此經幢上還能出現與敦煌文獻一致的啟請文，說明下限為宋的可能性比較大。另外，廣東東莞的南漢大寶五年（962）鎮象經幢上也有此啟請文，其內容也是《加句靈驗佛頂尊勝陀羅尼》〔註12〕。因而，推測本經幢在晚唐至宋之間，是合理的。尤其如果我們考慮到，武徹提到，《加句靈驗佛頂尊勝陀羅尼》的三次傳承中的主人王開示、五臺山王居士、王少府「咸在東都」，此時在洛陽發生了王少府入冥的靈驗故事，他利用誦讀《加句靈驗佛頂尊勝陀羅尼》，度得地府各色人等登天，引起閻君驚恐，將其放還陽間的神秘事蹟。而據說傳播《加句靈驗佛頂尊勝陀羅尼》的金剛智三藏，最終也葬於洛陽龍門奉先寺。武徹所講的三個傳承人，王開示可能與武徹同住長安，王居士則住五臺山，王少府則是東都人，但奇怪的是，三人都姓王。這個情況暗示我們，《加句靈驗佛頂尊勝陀羅尼》的渲染和弘傳，似乎和王氏家族有關。三人中，王少府入冥的故事，對宣揚其陀羅尼的靈驗，最為生動，就發生在洛陽，說明洛陽極有可能，就是最初渲染和弘傳《加句靈驗佛頂尊勝陀羅尼》的地方。如果從這個角度講，洛陽興國寺的這個經幢，最有可能的年代是唐末。

## 三、金代禮部敕牒命名「興國院」

　　十六國之後，興國寺歷史淹沒無聞。直到金代興國院敕牒碑的出現，我們才能探討下該寺在金代的情況。該敕牒碑碑文如下：

　　　　尚書禮部牒　興國院　尚書禮部　牒
　　　　據河南府洛陽縣□□寺受業僧法顯，告承買本縣　　　東／十
　　八里店修　僧堂壹所，共壹拾三間，自來並無正賜／名額，今用
　　錢買得空名／敕牒壹道，乞書填施者。／牒奉／敕特賜「興國院」，
　　牒至准／敕，故牒。／
　　　　大定肆年捌月□日令史向升（押）　　主事盧（押）／
　　　　奉議大夫行太常博士權員外郎劉（押）／　中散大夫行員外郎
　　李／宣威將軍郎中耶律／

---

〔註12〕溫建明：《東莞南漢大寶五年經幢歷史與文字考》，《百色學院學報》2011 年第 5 期，116～121 頁。

侍郎／通奉大夫禮部尚書兼翰林學士承旨知制誥修國史王／河
南府差委發買度牒官／

據寶應寺僧法顯，告用□□買得空頭名額壹道，乞／行書填者，
／右。今照依／條式書填給付訖，大定肆年捌月初三日給。／

管內僧判賜紫明教天□教門公事

（押）／

管內僧正臨壇賜紫淨慧大師知教門公事□（押）／

進進義校尉河南府差委發□度牒官劉□（押）／

度到小師二人／

僧福表／

住持僧福從立石／

前住持沙門僧　法顯／

禹都楊顯　刊／〔註13〕

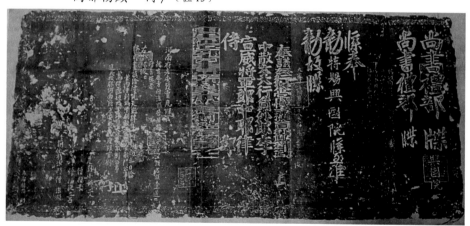

江敏認為：「從以上內容格式看，興國院的敕牒屬於較規範完整的金代敕
牒模本。目前發現的金代敕牒，多出自陝西、山西、山東和河北，在洛陽實屬
罕見，是洛陽地區金代佛教的賜額制度研究不多見的實物資料。」關於此敕牒
碑的格式與內容，以及其反應的金代賣牒制度對宗教的影響和意義，龍門石窟
研究院的江敏先生，已經有很好的解讀，本文不多介紹。

我們想說的是，興國院的這次重修，是由寶應寺僧法顯出資的，申請賜牒
也是他出資購買的。說明金代的興國院其實是洛陽寶應寺的下院。洛陽寶應寺

〔註13〕江敏：《洛陽伊濱區李村鎮新出土「興國院敕牒」碑考釋》，《洛陽考古》2017
年第 3 期，73～74 頁。

是由唐代宗李豫寶應元年（762）所建，著名的禪宗七祖菏澤神會法師就葬於此寺，是洛陽著名的「龍門十寺」之一。宋代佛教支派白雲宗，也是寶應寺僧清覺法師（1043～1121）創立的，敕牒碑中提到的大定四年為公元1164年，距離清覺法師的年代不遠，所以在當時的洛陽，寶應寺是著名的大寺。寶應寺僧在金代與少林寺交往密切。寶應寺僧木庵性英，為曹洞宗名僧萬松行秀（1166～1246）的弟子，與少林福裕為同門弟子。性英在寶應寺住持多年，後在約1224～1234年間，住持少林寺。雖然敕牒碑的主人法顯活動的年代略早於行秀和性英，但從其後世僧人的活動推測，金代中期，寶應寺、興國院應該有較為密切的來往。

## 四、明清及以後時期的興國寺

元代和明代前期興國寺的情況不明。明代中後期是興國寺歷史上比較繁榮的時期，留下的碑銘資料較多。正統元年（1436）買地契碑是目前發現的明代第一份資料：

> 河南府洛陽縣偏橋保二里住人周三為缺少正統元年秋糧，無□
> □兌，憑保人將自己祖業院莊白地一段三間，上下土木相連，該地
> 一□□□出賣與本縣興國寺常住永遠為業。東至李得山，南至街西
> 至路□□□□□，四至分明，三言議定地價，係大明寶鈔一千三百
> 頭整，立契之日一併交足，外無欠少，□□□□□□□□□□，如
> 有地內有人手□三大石承當，恐後無憑，故立契為照，用者四至東
> 至張美，南至街，西至路，北至張元路。

> 正統元年十二月十五日，立契人周三、周名、明甫人郭禮才、
> 張□十、張四十、邢聚十、任敬、孫六十、李忠和、李吉、□□、張
> 美、孫讓、蘆二十、蘇泰十、魏四十。

> 洛陽縣興國寺常住同價鈔一千三百頭買到本縣偏橋保住人周三
> 將自己院地一段計地一□□□，上下土木相連，右付興國寺常住准
> 此。正統元年十二月二十七日攢典都真承巡攔丁貴。

> 德璽印空、戒本興貴、祖樂、祖林、祖泰、祖銀、珉珇月溪、
> 祖慎、議庵祖錦、祖澄古澗。

興國寺僧有資金從村民手中買地，說明其經濟狀況還不算太糟糕。但頗為疑惑的是，僅僅十年後，入住興國寺的外來遊僧無際法師卻看到的卻是「殿宇

基址全虧」，可見境況也不是很好。景泰元年（1450）的《重修興國禪寺住持無際記》記述了當時無際禪師重建興國寺的情況。碑文如下：

> 竊以梵剎，洛陽之東南，少室之西北，偏橋之中際，古蹟之聖境，久自荒原，歲月凋踈（疏），予乃於正統十一年十一月有五飛錫遊禮，偶然到此，瞻視殿宇基址全虧，自心悚淒，興悲營具。既為佛子，當報佛恩。化十方之檀信，開自己之胷襟，不免發心重新建立僧堂廚舍、祖師、伽藍、三（山）門、方丈，聖容具周。晨鐘暮鼓，領眾梵修，祝延聖壽者矣。
>
> 景泰元年八月初二日立。

此碑記實際上是無際法師的一個自述。他於正統十一年（1446）雲遊至此，看到古廟荒蕪，殿閣倒塌，於是四處化緣，重建僧房、廚房、祖師殿、伽藍殿、山門殿、方丈室等，將寺廟重新恢復。還有一方《興國寺無際後敘宗派記》，記述的內容比較玄妙。主要內容有：

> 從證司維，祖道興龍，廣重妙普，季（繼？）祖續宗，祖本湛然，廣明會福，演教德悟，雪文修記，妙圓覺性，永然福慶，洪勝□昌，會正惟方，真吉妙圓，道了通玄，龍興海藏，順達西方。
>
> 師公圓古心和尚，首座忠議庵，天隆長老，覺順指南，議庵祖玫天詰。

此一段話，裏面有不少重複字，因而可知不是字輩，應該是無際禪師的弟子追溯其宗派的敘述。但是寫的過於隱晦，雖然其題目自稱「宗派記」，憑此卻難以猜出其具體的派別。既然寺名為「興國禪寺」，那麼一定是禪宗無疑，因而這裡的「祖本湛然」，就不能理解為天台宗的祖師荊溪湛然。明代無際系的禪宗傳承，究竟是臨濟還是曹洞，還需繼續研究。

清代乾隆三十七年（1772）有塊《金塑觀音菩薩滿堂神像碑》，為住持僧寂光主持修建的，四眾弟子捐錢捐力，「庠生王名世書丹」。咸豐九年（1859）有塊《觀音堂重修四方布施碑》，碑文有「龍飛咸豐九年歲次己未三月中澣穀旦」的字樣，有很多村民的名字，卻未出現僧人的名字。光緒二年（1876）《重修大殿、七星殿、廣生殿暨周圍院牆記》碑，記載了重修之事情，從中可以看到，道教的信仰已經進入興國寺。

新中國時期，興國寺被改為東石罷村小學，後建築傾危，小學遷出，寺廟廢棄。2014 年 4 月 30 日（農曆四月初二），釋源融法師在四眾弟子的邀請下

入住興國寺。圓融法師是遼寧盤錦盤山人，在大相國寺出家，之前曾住開封白衣閣，後到洛陽豐李鎮主持念佛堂，直到 2014 年入住興國寺。

進入興國寺後，2014 年 7 月份開始，源融法師和護法李居士帶領眾人打井、修圍牆、通水電、鋪路，然後修建山門、齋堂、講經堂、課堂、寮房，在 2015 年基本使興國寺恢復了佛寺的功能。2019 年秋，寺廟又修建了甘露殿，主要用來超度，放蒙山施食，辦水陸法會。2022 年 6 月，又修建了庫房、道安文化陳列館、興國寺碑林館等建築。使這一歷史悠久的古寺煥發出了青春。

# 第三十九章　三生石故事的發源地——
洛陽孟津慧林寺

　　杭州天竺寺後山「三生石」的故事天下皆知。但是，這個故事原本的發生地，卻是在洛陽的慧林寺。慧林寺位於洛陽孟津區送莊鎮梁凹村西南的臺地上。慧林寺自古為洛陽名寺，自古有所謂「天上竹林，地上慧林」之說。其得名，與三個人有關。一是唐代三生石的故事的主人公李源，一是唐代高僧丹霞天然法師，還有一個是宋末異僧智空。

**圖為慧林寺遺址**

　　李源實有其人，其父李憕，為禮部尚書、東京留守，位高權重。但安史之亂爆發，洛陽被叛軍攻陷，其家覆滅，只有李源被賣為奴隸而得生。安史之亂結束後，李源恢復了自由身，但偌大的家族只剩下一身，萬念俱灰，就將自己的在邙山上的舊宅改為慧林寺，住在寺廟中。《舊唐書》卷 187 下記載：

　　　　長慶三年，御史中丞李德裕表薦之曰：「處士李源，即故禮部尚書、東都留守、贈司徒、忠烈公李憕之少子。天與忠孝，嗣茲貞烈。以父死國難，哀纏終身，自司農寺主簿，絕心祿仕，垂五十年。暨於衰暮，多依惠林佛寺，本憕之墅也。寺之正殿，即憕之寢室，源過殿必趨，未嘗登踐。隨僧一食，已五十年。其端心執孝，無有不至。抱此貞節，棄於清朝，臣竊為陛下惜之。」

　　　　詔曰：「《禮》著死綏，《傳》稱握節，捐生守位，取重人倫。為義甚明，其風或替，言念於此，慨然興懷。而朝之公卿，有上言者，云天寶之季，盜起幽陵，振盪生靈，噬吞河洛。贈司徒、忠烈公憕，處難居首，正色受屠，兩河聞風，再固危壁，首立殊節，到今稱之。其子源，有曾、閔之行，可貫於神明；有巢、由之風，可希於太古。山林以寄其跡，爵祿不入於心，泊然無營，五十餘載。夫襃忠可以勸臣節，旌孝可以激人倫，尚義可以警澆浮，敬老可以厚風俗。舉茲四者，大徹於時。是用擢自衡門，立於文陛，處以諫職，冀聞讜言，仍加印綬，式示光寵。可守左諫議大夫，賜緋魚袋。仍敕河南尹差官就所居敦諭遣發。」

　　　　穆宗尋令中使齎手詔、緋袍、牙笏、絹二百四，往洛陽惠林寺宣賜。源受詔，對中使苦陳疾甚年高，不能趨拜，附表謝恩，其官告服色絹，皆辭不受。竟卒於寺。

　　慧林寺既然原本是李家的別墅，那麼其改為佛寺，最早就是安史之亂結束的寶應二年（763）。唐人的小說《甘澤謠・圓觀》中記載，與李源相守在慧林寺五十年的僧人名圓觀（也有稱圓澤），兩人交情深厚。兩人相邀一起去蜀地朝峨眉山，圓觀提議走旱路，經陝西南下蜀地；李源則沒有走過水路，想先到湖北，坐船西進蜀地。圓觀猶豫再三，看到李源確實想走水路，就同意了他的意見。兩人走到湖北三峽，圓觀看到幾個婦女負甕汲水，不禁淚流滿面。問之才說，之所以不願意走水路就是害怕遇見那個汲水的懷孕女子，因為她已經懷孕三年而未生產，就是在等著自己。現在遇見她，圓觀就要離世了。李源大驚，

圓觀告訴李源，那個小孩不久後會被帶到重慶萬縣，並在那裏夭折，並再次投生到杭州，如想見他，可於十二年後，到杭州天竺寺後山大石頭旁相見。當晚圓觀去世，該女子生了個男嬰。滿月後李源去觀看，襁褓中男嬰見到李源，沖他一笑。李源確定這就是圓觀的轉世。可是孩子不久就被父母帶到萬縣，很快夭折了，只活了一個多月，就再次轉生到杭州一貧苦人家。十二年後，李源如約到杭州天竺寺後山大石頭旁，見空無一人，過了一會兒，一個年約十二歲的牧童騎在牛背上，唱著一首歌而至：

**洗腸溝**

三生石上舊精魂，

賞月飲風不要論，

慚愧故人還相訪，

此身雖異性長存。

　　李源知是圓觀，與之相見後離去。因為圓觀和尚轉生兩次，三生都與李源相見，所以那塊大石頭就得名「三生石」。故事將深沉的友誼凝聚在淒美的生死別離中，其中表達的「生命永恆，真性不朽」的思想給人以極大的心理震撼。三生石的故事在唐代後期就已經流傳，洛陽慧林寺自然名揚天下。

　　丹霞天然法師（739～824），是洪州宗祖師馬祖道一的弟子，行為狂放不羈，他有一年冬天路過慧林寺，因天冷而劈木佛取暖，寺僧大驚，他卻說是在燒舍利子，寺僧問木佛怎麼會有舍利子？他反問對方，木佛既然沒有舍利子，

還有什麼神聖性？為什麼不能燒？作為這一著名禪宗公案的發生地，自然為世人所矚目。

北宋末年，寺內有一智空和尚，看到金兵荼毒百姓，憤而聯絡百姓抗金，被金兵抓獲後，金兵將他綁在大樹上，用酒肉灌進他的腹內，然後狂笑而走。智空和尚不堪其辱，手持尖刀，走到村旁的深溝中，剖腹洗腸，鮮血流盡而亡。智空和尚抗金的故事，至今還在流傳。村旁的深溝至今還稱「洗腸溝」。

明朝末年，王有禮為寺廟修天王殿之後，果然高升，於是認識到「功無旁捐，果無浪得」，於是再修大雄寶殿並塑釋迦金身。清帶曾多次重修。道光五年時，寺廟佔地數十畝，擁有三百多畝地產，是洛陽地區著名的佛教寺廟。民國初年，在政府的「廟產興學」運動中，慧林寺被改為「慧林完小」，後來的政治運動中，房屋被毀，成為一片耕地。現今，有識之士一直希望恢復這一著名佛寺，但是寺廟的恢復，尚待因緣。

# 第四十章　唐高宗李淵到訪還願的寺廟
## ——滎陽大海寺

　　大海寺佔地三十畝，位於鄭州西二十公里，滎陽城南端 310 國道邊。背靠青龍崗，西鄰滎陽植物園，山門對面是「天下第一大棋盤」公園。東鄰（唐朝詩人）劉禹錫公園。

　　隋代時，李世民目患眼疾，求遍名醫無效，時任鄭州刺史的李淵曾到大海寺求佛，病情很快好了。李淵為還願，在該寺造彌勒石像一尊，立碑還願。碑文寫道：

### 李淵還願碑

鄭州刺史男李世民遏染時疾。比聞大海寺有雙王像，治病有驗，故就寺禮拜，其患乃除。□於此寺願造石彌勒像一鋪。其像乃□丹青之妙飾，窮巧技之鋼□。相好全真，容顏蘊妙，以斯功德，衛護弟子。唯願福山實佑，法海長資，諸佛開心，三教之中並□；又願觀音引導，振□償□。高懸彌勒慈憂，貴昌興於萬代。家門大小，永寶長春，蠢動含生，咸登正覺。大業元年□□□。

### 大海寺山門

李淵早年信奉佛教，經常到佛寺祈福救病，在陝西西安草堂寺和鄭州滎陽大海寺，目前都還保留有李淵為子女祈福的石碑，就是明證。至於他起兵後自認是老子的後代，執政後裁汰僧人等舉動，都是從國家治理的角度去行事的。當他於武德九年退居太上皇后，閒居數年後，將舊宅舍為佛寺，也許含有將自己的失勢與裁汰僧人的果報相連，從而捨宅為自己種植福田的意味在裏面。因而，從李淵捨宅的舉動，似能窺得唐高祖李淵晚年的心理變化，是應當注意的。

1976年，河南鄭州的滎陽大海寺遺址一次就出土了佛菩薩石刻造像42件，均為國家一級文物，成為河南博物院和鄭州博物館的鎮館之寶。

大海寺在民國初年已經不存。一九九四年九月四川高僧清定上師來滎陽參加鄭氏謁祖，在大海寺遺址處，指示其弟子智妙（俗名曹雲霞）重建大海寺，

並題字「青雲直上」作為鼓勵。一九九七年七月，省、市有關部門批准重建大海寺。今天的大海寺，已經成為鄭州西部著名的佛教寺廟。

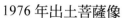

1976 年出土菩薩像

# 第四十一章　二帝親臨的「明月山城」
## ——博愛月山寺

　　以一座寺而稱「明月山城」，可見明代鼎盛時期月山寺的規模之大。但是，相比於河南地區許多名寺動輒唐宋時建立，月山寺的歷史很明確是金代建立的。月山寺的開山法師空相曾有《明月山大明禪院記》留世，其中法師回憶：

　　「山僧自正隆三年（1158）九月一日，離南京（今商丘）東明縣報恩禪院，渡水穿雲到覃懷之郡。……後遊此山，至此觀看，遠遠望之，朗然無滯，清淨明月，號為明月之山。……心懷喜悅，此乃歡言，堪為聖地。大定十二年（1162），幸邀皇王賜額，始乃留心開山創業，方能建立。……於清風谷內，修一所精籃，大小屋舍一百餘間。一十四年功將了畢，永為聖蹟，將作選佛之場。」〔註1〕

---

〔註 1〕釋空相：《明月山大明禪院記》，金大定丙申年碑（1176 年）。

開山祖師號空相，名廣壽，自幼出家，是少林寺法和法師的弟子，傳承的是曹洞宗法脈。崇蒼法師（1109～1196）是月山寺的第二任住持。雍正八年的《覃懷志》記載：「蒼公名崇蒼，北直隸保定人，武進士出身，因遊覽至明月山，遂削髮披緇為大比丘。」北宋武運不昌，河北北部屢遭遼金軍入侵，故而保定和滄州地區人民練武成風。崇蒼既為武進士，定帶兵與金軍作戰。北宋滅亡後，他不願為金國服務，就到大明禪院出家做了和尚。空相與崇蒼為至交，兩人共同將大明禪院建設了起來。崇蒼更將自己的武學傳授給附近的年輕人，這種拳法後來稱為「八極拳」，崇蒼非常長壽，87歲才圓寂。

元代大明禪院仍然興盛。元代有兩件事值得一提，第一件就是大明禪院僧人赴浙江杭州大普寧寺迎請《普寧藏》一事。元代統治者信奉喇嘛教，對佛教比較優待，政策上也比較寬鬆。在這種大背景下，佛教白雲宗〔註2〕僧人出資刻板印刷了《普寧大藏經》，消息傳到懷孟路，「僧緣大師達公以及大禪伯秀公，慨大藏之闕是邦也。……乃各捐囊金，詣山祈請義行大師，講主妙慶俾領之。妙慶嗣法於義山雲峰法老師，……乃欣然允命，遂偕法弟妙香、小師普威化緣。……載累鉅萬，敢議南行……杖始策於辛卯（1291）之秋九月，……逮壬辰（1292）春三月畢功，成卷逾七千，由是整裝歸來。」〔註3〕

〔註2〕關於白雲宗，請參考本書《為往聖續絕學——樂川白雲寺》一章。
〔註3〕（元）普超：《元明月山大明寺新印大藏經記》，至元三十年碑。

　　《敕賜寶光寺藏經碑》記載「元泰定丙申年空相和尚所建，時帝與太后嘗詣此拈香。」〔註4〕說的就是元仁宗愛育黎拔力八達在做藩王時與其母親答己來大明禪院上香的事情。當時，元成宗排斥愛育黎拔力八達母子，將他們貶到懷孟路。

　　明代英宗天順二年（1458）秋，鄭王幫助本寺取得明代的寺額，英宗敕賜寶光寺，並命一個叫繼安，號太虛的禪師住持其寺。有傳說明英宗攜太后曾親自到大明禪院拈香，時間是天順二年（1458）八月，但筆者查閱了明英宗實錄，沒有見到這一記載，只是記載了當時鄭王吃了御賜的良藥，身體好轉，皇帝免去鄭王入京朝覲之事。

　　　　天順二年八月：書復鄭王瞻埈曰：承喻先患風疾，嘗遣醫藥調
　　　　治，今已少瘥，欲親來謝，足見尊意，然道途跋履良艱尚，宜將息
　　　　以臻平復，可不必來。（明實錄卷二百九十四）

　　不知怎麼就傳成了明英宗親自來懷慶府看望鄭王，並來寺廟上香的事。嘉靖癸未（1523）東，一個名叫「祖玉，號荊山」的僧人被鄭藩王任命為住持。〔註5〕

　　月山寺有一《曹洞正宗聯芳法派偈》，是住持淨澍於康熙五十八年（1719）立。其文曰：

　　　　廣崇妙普，弘勝禧昌，繼祖續宗，慧鎮維方，圓明淨智，德行
　　　　福祥，澄清覺海，了悟真常，聞通思修，慈光遍照，達本心空，止
　　　　觀雙持，見自性佛，三道互岩，和融秘蜜，洞徹法淵，究竟無作，
　　　　從體起用，果後施因，隱顯俱該，變現平等，大願輔弼，亦度塵沙，
　　　　登涅槃天，入薩婆若。

　　淨澍是月山寺歷史上一個比較例外的人。自從創業以來，月山寺傳承的都是曹洞的禪法。但到了淨澍這裡，傳承的卻是臨濟的禪法。這從他自稱「傳臨濟正宗三十五世本山方丈遠孫淨澍」可以知道。從其傳記《月山錫霖和尚行寶碑記》可知，他本姓姚，河內人，自幼因疾病送入寶光寺出家，號錫霖。早先傳承的是曹洞宗，但後來去風穴寺默鑒法師處，獲得了印證，接受了臨濟宗傳承。

〔註4〕《敕賜寶光寺藏經碑》，弘治元年。
〔註5〕《敕賜寶光寺重修禪堂記》，嘉靖三年。

　　《聖駕巡幸明月山寶光寺記》記載了乾隆十五年（1750）九月十五日，乾隆皇帝與皇后、皇太后到河南視察黃河災情，順便一起到寶光寺拈香遊覽的事情。

　　淨吉法師，號六安，是史料記載的月山寺的最後一個參禪的禪僧，他是在淨澍（「錫老」）處得到印可的。淨吉被尊為「六禪老」，精通禪法和武功。他主動請回了在外學習多年的師兄淨澍，後來當 1750 年秋，乾隆皇帝巡幸月山寺時，住持正是淨吉。

　　乾隆皇帝的巡幸，肯定會給月山寺帶來生機。但隨著清王朝很快江河日下，社會日漸動盪，土匪橫行，月山寺也逐漸衰落下去。1927 年，基督將軍馮玉祥任河南省主席，將大量的廟產充公，月山寺被改為「中山公園」，裏面的十幾名僧人也被趕走。

　　民國三十一年，即 1942 年，日軍炮火摧毀了月山寺。1992 年，博愛縣撥款三十萬元，群眾集資二十多萬元，對月山寺進行了重建。1994 年，重建了「開山空相和尚塔」。之後，政府不斷出資修繕月山寺。2000 年，少林寺方丈永信法師訪問月山寺，2001 年，任命少林寺曹洞宗第三十四代傳人釋延聰住持月山寺。

　　2018 年，釋延保接任月山寺住持。延保俗名張保，1974 年生，字秉公，號道明，安徽靈璧人，少林寺第三十四代武僧，近年來，熱心於月山寺「八極拳」的整理與申報非物質文化遺產事宜。

# 第四十二章 古老樂器「籌」的傳承── 民權白雲寺

白雲寺坐落於商丘市民權縣城西南地區20公里外的白雲寺村，是豫東現存最大的古建築群，始建於唐朝貞觀元年（公元 627）。每年夏秋季節，整個白雲寺上空常有白雲繚繞，籠罩寺院，景色奇異，故名白雲寺。

現存碑石主要是明清時期。白雲寺真正興盛是在清代，康熙二十六年（1687 年），佛定禪師來到白雲禪寺擔任住持，他據說是一個有神異色彩的神僧，信眾很多，他對白雲寺進行了大規模的修葺擴建。《河南通志》介紹，佛定法師是直隸保定人，年少就在安陽清涼寺出家，康熙六十年（1721）八月圓寂，佛定圓寂後，建有「佛公靈塔」，上面有「傳洞宗三十一世佛公大和尚」字樣，高約四米，三級六角樓閣式塔下部為六角形須彌座」。

## 佛公靈塔

　　可知佛定和尚為曹洞宗三十一世僧人。據說在佛定時期，當時白雲寺佔地546畝，建有山門、鐘、鼓二樓、五大佛殿、藏經樓及東西廊房千餘間，建築宏偉，莊嚴崇麗，是白雲禪寺發展的鼎盛時期。在當地的傳說中，清順治皇帝出家，在五臺山為僧，法名行癡。佛定禪師去五臺山朝聖時，行癡發現佛定有神異，就跟隨他到了民權白雲寺修行。康熙皇帝長大後思念自己的父親，曾到過白雲寺，他召集了所有的僧人，卻一個也不像自己的父親，就問寺主，僧人都到齊了嗎？回答說只有個燒火做飯的老僧沒有到。康熙帝就找到老僧，問他叫什麼名字？對方說自己叫「八乂」，接著老僧就問康熙，京城的麥苗怎麼樣？康熙說挺好。回到京城後，向太后說起此事，太后說，那正是你的父親呀？「八乂」兩個字合起來不就是「父」字嗎？而「麥苗」正是太后自己的乳名。康熙大驚，趕忙返回去但燒火老僧已經不見，只留下他做飯的鐵鍋，於是康熙就將一棵槐樹苗種在鐵鍋裏，以示紀念。後來，康熙皇帝又為白雲寺題寫了「當堂常賞」四字，據說裏面暗含了某些特殊的含義，眾說紛紜。其實這不過是當時

流行的猜字遊戲的體現。並不可信。這四個字的真實意思，從都是「尚」字頭看，代表的可能是僧人，下面有「田、貝、巾、土」可能只不過是蘊含著希望和尚們有土有田，有錢有衣的美好願望罷了。

白雲寺最古的文物是宋代的「提薩婆呵經幢」，「提薩婆呵」應為「菩提薩婆呵」，是心經的咒語。故此經幢可能為心經經幢。

### 提薩婆呵經幢

　　傳說為康熙皇帝當年手植的槐樹，已經長成參天大樹，鐵鍋早已被撐破，今天已經成為白雲寺一景。

　　康熙到白雲寺尋父的故事，雖然只是傳說，並不可信。但由於央視電視臺連做了幾期節目，給予報導，現在白雲寺名聲不小，越來越多的遊客前來遊玩和上香。

　　除了動人的故事意外，白雲寺還和一件罕見的樂器「籌」的傳承有關。歷史上相國寺和白雲寺等豫東佛寺的佛樂非常發達，但 1927 年馮玉祥主政河南時，將相國寺改造為了「中山市場」，寺僧逃散，相國寺的樂隊也消失了。白雲寺的樂隊就成了豫東佛樂的代表。「籌」是一種非常古老的中國傳統樂器，八千年前舞陽賈湖遺址中出土的類似笛子的樂器，就是「籌」，雖然類似笛子，但是它不似笛子橫吹，也不是像簫那樣呈直角豎著吹。而是呈 45 度角斜著豎吹。開封繁塔是宋代的佛塔遺存，上面的樂伎所表演的樂器中，就有「籌」。遺憾的是，在文革中，寺僧被解散，樂僧後來逐漸亡故，樂隊也不存在了。從小在白雲寺出家的龍江法師，原名孫洪德，是民權本地人，從小在白雲寺出家，從小就跟隨月波蒼海法師學習吹「籌」。他後來參加了革命，還俗回家，結婚生子，多次在民樂表演中獲獎。後來他被相國寺請到了相國寺樂隊。

非物質文化傳承人吹「籌」

　　2008年6月，《文化時報》的資深記者聶志義曾專程去白雲寺訪問過白雲寺103歲的老僧，寫下了《拜訪河南民權白雲寺103歲的老方丈，痛惜古寺佛樂成為絕唱》的文章，發表在「老記見證網」：

　　　　印發大和尚俗名叫黃順才，河南郟縣人，他少年時代便出家於雲臺寺，後又到桐柏縣水簾寺任方丈。1987年秋末，年過八旬的印發大和尚受河南省佛教協會的委託，來到豫東地區的白雲禪寺。1988年，印發大和尚正式到寺院。……老方丈和僑居在緬甸的傅鳳英居士有過深交。傅鳳英是傅作義將軍的姑姑，又是國民黨部隊一個軍長的太太，抗戰期間曾僑居美國，後聽說國內解放了，她又回到緬甸居住。傅鳳英是一位深明大義的愛國居士，作為一個富貴人家的太太，她很想為國內做些什麼。當聽說印發大和尚所在的白雲禪寺

還沒有一尊佛像時，就託人告訴印發大和尚到緬甸來，幫他先後四去緬甸迎請回了近百尊佛像，又將一個幾乎即將成為歷史的白雲寺，增加了另一獨一無二的玉佛寺院。〔註1〕

如果你想去民權白雲寺遊玩或上香的話，可在商丘火車站（高鐵站）對面的商丘中心汽車站乘坐發往民權縣的大巴，然後換乘發往白雲寺的 12 路公交車，就可以到達。

---

〔註 1〕轟志義：《拜訪河南民權白雲寺 103 歲的老方丈，痛惜古寺佛樂成為絕唱》，老記見證網。

# 第四十三章　北宗禪在北方的文化遺存
## ——洛陽玉泉寺

　　禪宗五祖弘忍的得意弟子是京師神秀法系。那種認為慧能是弘忍嫡傳弟子的說法，只是南禪係慧能一派的一家之言，並不可信。其實在當時，慧能、老安、法如、神秀都有被尊為六祖。從被朝廷認可的角度看，神秀號稱「兩京法主，三帝國師」，他才是被朝廷認可的六祖。只是後來南禪做大，神秀代表的北宗禪才被邊緣化。但是，北宗禪並沒有滅絕，今天湖北當陽度門寺還在傳承北宗禪。神秀法師在洛陽的道場就是洛陽萬安山玉泉寺。

　　玉泉寺在西晉皇家祭天的圜丘北面，與之相鄰，東邊就是古代洛陽八關之一的「大谷關」，是洛陽城南向的主要通道，也是客家南遷的始發地。最新的考古揭示，這裡也是西晉皇家墓地之一的「高平陵」的所在地。司馬懿就是借大司馬曹爽兄弟出城去「高平陵」掃墓之際，發動政變而取得政權的。玉泉寺坐落在這樣歷史深厚的地方，自然不同凡響。

　　玉泉寺從其寺名而言，其始建可能與北宗禪的代表人物有關，玉泉寺之名，可能是神秀從湖北當陽玉泉寺帶過來的。神秀（約600～706），俗姓李，開封尉氏人，十三歲出家。早年遊歷各地，拜訪名師，學通儒釋道三家，到46歲那年，到湖北黃梅皈依弘忍。陳碩真起義後，官府強令很多僧人還俗，神秀被迫還俗，潛伏荊州十幾年，直到儀鳳年間（677～679），才又取得僧籍，他在荊州玉泉寺附近建立精舍，聲威大震，全國各地學佛之人群集，如望山嶽。

　　武則天將神秀請到京師，給予很高的榮譽。中宗即位後，仍然供為帝師。號稱「兩京法主，三帝國師」。神秀的禪法，被視為「官禪」，他的弟子普寂、義福，在神秀圓寂後也被稱為國師。武則天曾經親自到洛陽萬安山玉泉寺前拜訪神秀。《舊唐書》卷八十九，列傳第三十九記載：

> 　　則天嘗幸萬安山玉泉寺，以山逕危懸，欲御腰輿而上。方慶諫曰：「昔漢元帝嘗祭廟，出便門，御樓船，光祿勳張猛奏曰：『乘船危，就橋安。』元帝乃從橋，即前代舊事。今山徑危險，石路曲狹，上瞻駭目，下視寒心，比於樓船，安危不等。陛下蒸人父母，奈何踐此畏塗？伏望停輿駐蹕。」則天納其言而止。

### 白龍潭

　　武則天親自到萬安山玉泉寺訪神秀，發生在神功元年（697）七月，因為玉泉寺位於萬安山山腰處的一處山坳裏，對於高齡的武則天來說，往上攀爬不易，故大臣勸阻，沒有親自登臨，但她已經走到了玉泉寺的山下。《古今圖書集成》記載：

　　　　玉泉寺　在萬安山。唐大通神秀禪師，講律道場。汾陽王郭子儀，奉敕建。後天成年，明宗改名得當寺。正德年重修。

　　前些年，玉泉寺發現了一塊五代時期的斷碑，經洛陽日報報導後，古碑離奇丟失。當時報導的文章記載：

　　　　偃師市商城博物館考古專家鑒定，此碑係後唐時期（公元 923年～936 年）的，距今有千餘年歷史。」「此殘碑長 85 釐米，寬 62釐米，厚 9 釐米，是後唐時重修玉泉寺所立。碑文記載了汾陽郡王郭子儀奉敕重修玉泉寺的起因與過程。……為紀念神秀禪師，汾陽郡王郭子儀奉敕在萬安山神秀講經處重修玉泉寺。〔註 1〕

　　北宗神秀係被朝廷公認為禪宗正統。神龍二年（706 年），神秀圓寂，諡號為「大通」。

　　神秀的弟子有普寂、義福。普寂（651～739），俗姓馮，山西蒲州人，先是想去嵩山法如處求學，但當時法如剛剛去世，於是到荊州玉泉寺拜神秀為師，在神秀門下修學七年。普寂學成後，先是到嵩山嵩嶽寺弘法。神秀去世後，唐中宗派員外郎武平一到嵩嶽寺宣詔，授命普寂管理北宗僧團，並將之比喻為佛陀的繼承人阿難。玄宗上臺後，召普寂入洛陽敬愛寺，後又轉到洛陽興唐寺。普寂生前地位非常高，是當之無愧的北宗首領，連當時的名士、天文學家僧一行，都曾向普寂學習禪法。曾到日本弘揚律學與華嚴、禪法的洛陽大福先寺沙門道璿，也曾向普寂學習禪法和華嚴。普寂的弟子「或化嵩洛，或之荊吳」，在當時影響非常大。公元 739 年，普寂滅於興唐寺，獲得朝廷頒發「大照禪師」的稱號，歸葬嵩嶽寺。

　　普寂對後世影響最大的，是重新排出了師承的順序，將神秀列為禪宗六祖，自己列為禪宗七祖，認為達摩—慧可—僧璨—道信—弘忍—神秀—普寂這一譜系是達摩禪法的正統法系。這一做法為後來的南宗所繼承。

　　義福（658～736），俗姓姜，山西上黨人。最早是想去拜嵩山法如為師，可是到了嵩山卻發現法如剛剛去世。後來聽說神秀在荊州玉泉寺弘法，於是到

〔註 1〕杜陽春：《玉泉寺發現後唐石碑》，《洛陽日報》，2007 年 12 月 5 日。

荊州拜神秀為師，後成為神秀最優秀的弟子之一。後隨神秀一起入京。神秀死後，義福先是居住在嵩山嵩嶽寺。中宗即位後應邀到長安，住東郊藍田縣的化感寺，在那裏弘法二十年之久，聲譽日隆。玄宗常召義福陪伴，在東西兩京活動，晚年生活在洛陽。開元二十四年（735年），義福去世，玄宗派人慰問，諡以「大智禪師」的稱號，葬在洛陽龍門奉先寺北崗。

　　總之，根據以上材料，我們認為，洛陽玉泉寺應該是始建於唐代中期，安史之亂之後不久。因為郭子儀在平定安史之亂期間，曾多次在戰前祈禱佛菩薩保佑其作戰勝利，屢有成效，故他在安史之亂後，多有修建佛寺之舉，譬如河洛地區的空相寺、廣化寺、玉泉寺都和他有關係。

　　元代時，根據少林寺保留的鍾銘和碑石資料，我們知道玉泉寺成為少林寺的下寺。

　　今天，玉泉寺旁邊的白龍潭水依舊長年不竭，旁邊的客家小鎮日漸繁榮，交通已經非常完善，玉泉寺的恢復和重建已經被列為洛陽市的重點項目。以邢德勇總經理為首的萬安集團從緬甸請來了五百多尊佛、菩薩、羅漢，其中尤以真人大小的五百尊玉羅漢，乃是國內獨一無二的珍品，所見過的人無不讚歎稀有。萬安集團正在緊鑼密鼓地恢復玉泉寺景觀，玉泉寺的未來可期，它將與大谷關、客家小鎮、圜丘遺址、禹宿穀堆石窟一起，組成一個旅遊線路，必將成為洛陽地區又一個知名的文化景觀。

# 第四十四章　五十三峰環繞的聖境——鞏義慈雲寺

　　鞏義市東南 25 的青龍山，屬於嵩山北麓，與登封的嵩山一陰一陽，隔山相忘。山中有五十三座山峰，正巧與《華嚴經》中善財童子五十三參的故事相符，故而很早就成為佛教名山。聞名遐邇的慈雲寺，就坐落在此山中。

　　慈雲寺究竟建於何時，現在已經不可考。《虞廷璽撰重修青龍山慈雲禪寺碑》記載：「在漢明帝永平七年，有僧攝摩騰、竺法蘭，始創白馬寺於洛陽城東，既而雲遊此山，因其山川之秀，遂開慈雲禪寺，故其山如滿月之形，水曲銀河之派，內藏玉兔，外列金龜，東有黑龍之潭，左名獅子之嶺，南現缽盂峰，有祖師降蜘蛛之處，二老談經之所。」〔註1〕據說考古隊在寺內出土

---

〔註1〕（明）虞廷璽：《虞廷璽撰重修青龍山慈雲禪寺碑》，明天順四年。

有漢代的磚石等遺物。《青龍山重修慈雲寺碑銘》記載：「漢、唐、宋、元敕建重修……古剎慈雲號釋源……竺法蘭、攝摩騰三藏……竊聞古剎慈雲寺，乃釋源大白馬寺……大明建立如來殿。」因此，有人猜測慈雲寺建立於東漢，並非空穴來風。甚至，有媒體還發文說，慈雲寺建寺比白馬寺還稍早一年，是攝摩騰、竺法蘭先建立了慈雲寺，後建立了白馬寺。甚至還有專家引用登封大法王寺中《重修大法王寺碑記》云：「嵩陰慈雲，洛陽白馬，嵩陽法王，乃中國作寺之始」。但作者卻刻意在引文中沒有注明這塊重修碑的年代是康熙五十六年。

其實，這些論斷都是不能成立的。河洛地區有多所寺廟都宣稱自己建立於東漢，所拿出的依據主要是基於明清時期的碑刻或地方志。其實在學術界一直有個共識，那就是記載如果距離其記載的事實過遠，那麼這些記載就不可採信。如果所記載的事實與所記載的時間在二三百年之內，尚可採信，如果相距四五百年，使用時就得非常小心，須有其他旁證；如果再七八百年之後，所說的事情就根本無法讓人相信。明代清代相距東漢已經至少一千三百多年，用明清的碑刻或地方志去講東漢的事情，是根本不靠譜的。

其實，就慈雲寺所擁有的資源來說，根本無需去爭什麼「釋源祖庭」的地位，釋源祖庭的地位是歷史形成的，至少從元代開始，就已經固定在了洛陽白馬寺，這一點不僅教內承認，也得到了世界各國的承認，這不是靠區區幾塊明清碑石就能確定的，也不是憑藉佛教協會會長題寫個「釋源祖庭」的匾額能確定的，而是憑藉歷代的文獻和朝廷的冊封作為證據的，畢竟作為釋源祖庭，不僅需要有高僧，而且還要翻譯有佛經，佛、法、僧、寺俱全，才能稱為釋源祖庭的。

慈雲寺元代以前的歷史不詳，主要是因為缺少有影響力的高僧，所以僧傳中沒有記載。從能看到的遺跡看，慈雲寺至少唐代就已經存在。但我們目前知道的是，元末至正年間有個宗主「廣慧清辯大師」重修了慈雲寺。元代統治者信奉藏傳佛教，對漢傳佛教也很重視，多位白馬寺住持都被朝廷冊封。如龍川行育被封為「扶宗弘教大師」、慧覺被封為「宗密圓融大師」等，由於在元代，「釋源宗主」是對洛陽白馬寺的專屬稱謂，故這位重修慈雲寺的「廣慧清辯大師」既然是「宗主」，那麼他就是白馬寺的寺主，這也是為何明代的《青龍山重修慈雲寺碑銘》中所講的：「竊聞古剎慈雲寺，乃釋源大白馬寺慈雲古道場，自漢、唐、宋、元敕建重修……」那種把碑文斷為「竊聞古剎慈雲寺，乃釋源

大白馬寺。慈雲古道場，自漢、唐、宋、元敕建重修……」的斷法，正如徐金星先生《也說釋源祖庭》所說，是斷句斷錯了。〔註2〕

真實的情況是，元代至正年間（1341～1368），白馬寺宗主「廣慧清辯大師」出資重修了慈雲寺，並把慈雲寺收為下院。

南宗覺順法師，號「臥雲道人」，是振興慈雲寺的主要人物。據溫玉成先生研究，覺順取得了朝廷和河南府的支持，主持了歷時三年的大修，時間是景泰六年（1455）至天順二年（1458），基本奠定了慈雲寺的基礎和規模。〔註3〕覺順能夠取得朝廷和河南府的支持，他一定是個能力非凡的人。據孫修身研究，慈雲寺在明代有十次修整，規模巨大，慈雲寺之名也傳到日本、臺灣、東南亞。〔註4〕這個問題仍待研究，日本和臺灣、東南亞的慈雲寺是不是承認鞏義慈雲寺為祖庭，還有待研究。

作為振興慈雲寺的主要人物，南宗覺順非常重要。據溫玉成研究，認為他早年在湖南皈依了一位「曹洞宗六代信公無疑大師」，但尚未出家，他於宣德三年（1428）到南京大能仁寺，禮「弘善妙智國師」為師，國師法名「班麻舍羅（蓮花生）」是新興的藏傳格魯教派的僧人。宣德四年（1429）年，覺

〔註2〕徐金星：《也說釋源祖庭》，《洛陽日報》，2007年10月15日。

〔註3〕溫玉成：《河洛文化與宗教》，河南人民出版社，2010年12月，第184頁。

〔註4〕孫修身、趙玉安、席延昭：《河南省鞏義市慈雲寺調查記述》，《敦煌研究》1999年第3期，第22頁。

順正式剃度為僧，學習藏傳佛教十年之久，到正統四年（1439）才出去雲遊。
〔註5〕

　　覺順在北京西郊的翠微山，碰到了曹洞宗僧人太虛圓了，並施以師禮，在圓了的指導下，覺順開悟並得到印可。慈雲寺的曹洞宗字輩即從此來：「從正思惟，好圓覺性，祖道興隆，永遠福慶。」此後又續為「端謹虛靈，菩提果證」。覺順的名字，就是從這個字輩中來。〔註6〕

　　正統九年（1444），覺順與圓了二人雲遊至鞏義，被禮請為慈雲寺住持，圓了法師為首座。覺順法師於天順二年（1458）又接受了「天竺大和尚」的臨濟禪法，改宗臨濟，稱二十五世。覺順圓寂於成化五年（1469），在慈雲寺經營二十五年。〔註7〕

　　1927年6月，北伐軍佔領鄭州、開封，馮玉祥任河南省主席，馮玉祥信仰基督教，對省內的寺廟裏的佛像進行了砸毀運動。1928年，慈雲寺內許多佛像被毀；1934年，當時的鞏縣縣政府下令拆寺建學，慈雲寺內殿堂的磚瓦木料被拆用於建設學校，寺中一棵巨大的古銀杏樹也被砍伐，非常可惜。1949

〔註5〕溫玉成：《河洛文化與宗教》，河南人民出版社，2010年12月，第184頁。
〔註6〕溫玉成：《河洛文化與宗教》，河南人民出版社，2010年12月，第184頁。
〔註7〕溫玉成：《河洛文化與宗教》，河南人民出版社，2010年12月，第184頁。

年建國後，數十座古塔全部被陸續拆毀，只留下部分塔基以及 40 多塊塔銘和少數塔剎。

改革開放後，鞏義市發展很快，成為河南省內經濟發展的翹楚，慈雲寺所在的民權村也富裕了起來，開始謀劃恢復重建慈雲寺。慈雲寺於 1990 年代開始恢復重建，崔光顯等人，聘請古建專家李傳澤主持，以仿古建築高標準重建了慈雲寺。今天的慈雲寺，風景秀麗，已經成為著名的風景區，少林寺出身的釋延超任住持，編著了《慈雲寺志》，慈雲寺的發展進入了新階段。

# 第四十五章　大伾山上的聖地──太平興國禪寺

　　鶴壁市浚縣，古稱黎陽，是國務院公布的第三批歷史文化名城之一，境內文物遺存很多，精華集中於大伾山，唐徐懋公的瓦崗軍駐守此山，明王陽明、王鐸等皆在大伾山中留下題詞。大伾山東側有北朝的巨型彌勒石佛，高達 22.29米，巨佛旁邊即太平興國禪寺。

　　自隋代在浚縣設立黎陽倉，存放戰備軍糧以來，浚縣就成為兵家必爭之地，瓦崗軍、宇文化及的驍果軍、王世充的軍隊都試圖佔領黎陽，北宋建立後，由於沒有能夠收復燕雲十六州，今河北地區就成為宋遼對峙的前線，黎陽倉所在的浚縣，地位更加重要。北宋時期的黎陽，黃河從大伾山東麓經過，這裡成為重要的水陸碼頭。

　　趙光義登基稱帝後，改年號為「太平興國」，在各地都有寺廟改稱太平興國寺，譬如山東濟南、山西運城、江西仰山、安徽黃山等地都有太平興國寺，可知太平興國寺的設立，是沿用唐代的做派，每個皇帝登基，就設立寺廟作為祝賀。宋代開封城內也有一個太平興國寺，曾是安放宋太祖等三朝皇帝御容以及《開寶藏》大藏經印經版的重要寺廟，有人將浚縣的太平興國寺與開封城內的太平興國寺等同起來，是不對的。但現在開封城內的太平興國寺早已淹沒無聞，浚縣的太平興國寺卻保留至今。

　　浚縣太平興國寺內有塊太平興國三年（978 年）的石碑，為《敕賜太平興國寺記》碑，碑文如下：

　　　　……天人福……接棲之安……仁王□□有龍飛之勢，故自周□□之塔呈，祥玉樹玄，行金繩界，地儼三十二相龕，四大部經為場，涇……七十二君（注：即相傳上古七十二帝王）……崇不生……（怪）無來，故須隱心，行方便力，才抒金散，妙音之普繡十方，初照寶燈，慧智之彌通，六種……洞穴翼控八荒之……青龍憩□□，凡木蔥蔥鬱鬱，□藏虎豹之姿，雷電晶瑩，別□神龍之勢，……明□八十種□□□□□□……加以塵昏古篆，草沒豐碑，翠壁蒼而苔生，寒□響而秋風起，……由是察地……覓路，梯山架險，撥土封基，馴鴟鵲於庵前，驅豺狼於境外，居民同奏，行客皈依，富者施其……我先師有馬□□，和尚本□□州五回縣（今河北易縣）柳泉村，俗姓趙氏，於唐天祐十年（913）……戒立，天成二年（927）與師兄□□大師……有緣，性相相近，拜辭大眾，遠訪真空，登雪嶺以無寒，過陰山之不昧其庭。異大師即唐……和尚轉壯初心，更堅前志，遍遊方面，歷化檀那，疊鴛瓦以為堂，構虹梁而做殿，創……時□□，府庫三間□□□□禪舍二十間，……自巨唐殘祚，六幕重光，四海義安，朝野無事，依山審（神）像出世標形，其或列爵上公、近臣內侍，至誠加敬，……我義社□把碑入市，煮粥供品，僧侶恒盈，禪關不下。和尚春秋八十三，夏臘六十三，於乾德四年（966）八月十四日，方苦修行，俄悲遷化，今寺主智詮，乃先師兄也，本□□相州湯陰縣，俗姓馬氏，於晉開運四年（947）出家，受業於漢乾祐二載（949），授戒削髮，煉意修心，至周廣順，初領大乘戒，承師供養，受請護持，添常住之所……迨及皇宋開寶二載……因詢

問縣或有德行素高，經大廣博，並令朋舉，無抑後賢，寺主尋沐奏聞，前祝請準……慚薄德昂報，……動崇修之是，忉□自將衣缽及化他人……裝飾中尊……法雨廣布，鶴林□師許參禪於鷲嶺，得不別資上書，更結殊休造幢子一座，門郭僧尼……客倦以登臨，宛然磅礴之宮，非是清涼之地，於開寶七年（974），寺主智詮索額曰：眾……稔也，其水也清澈，鑒人其氣也，寒光潤物，致幽禽之斂翼，使通士之棲心，至於耿恭剖膽，廣利析肝，……非神靈以儼加昭示於□，可□訪高山洛水於名賢，不須青龍奇音，何須白鶴來翔，與甘露之長滋共貞，鞏之不朽，而又當寺素無牌額，曾經歷廢□，寺主智詮……過千相府正巳。天顏孫緯芳求乞賜……特敕以太平興國為名，兼□□黎州□都寺主管軀下……先師和尚創其基，今寺主智詮成其構，發一念之願，同先上之因，永為三界之場，恒作四依之路，星霜……太平興國三年歲次戊寅正月甲寅朔十五日庚子

鄉貢學究蓋維周書，智瞻、智全、賜紫從超、僧玄、僧玄真、僧玄通、僧玄美、僧慈琳、上升前院主、左街講經大德重謙、指揮使□恭、副指揮使趙□□，弟二都頭賀洪、弟三都頭柳洪、弟四都頭曹昭、癸酉刑部尚書兼御史大夫……馬成、馮成、趙興、金遜、成進、……孫煦，匠人元美生□。

碑記多達一千多字，先是介紹了大伾山的地理位置重要「有龍飛之勢」，再介紹建寺之前曾有廢棄的古寺：「塵昏古篆，草沒豐碑，翠壁蒼而苔生」，是初建寺廟的馬和尚看到古篆碑刻埋沒於荒草中，殘留的牆壁上長滿了苔蘚，從文中的對建寺之前的「妙音」「慧智」等詞語看，之前的建築應似佛寺，文中

提到的「八十種」應該是描述佛像的八十種好，所以我們認為，在五代建寺之前，這裡應該有佛寺的遺址，但後文又提到「當寺素無牌額，曾經歷廢□」，證明當時的寺廟一直沒有得到朝廷的賜額，應該不是太有名的寺廟。

碑文告訴我們，建寺的為「馬和尚」，俗姓趙，河北易縣人，從他圓寂於宋乾德四年，活了八十三歲看，他生於公元 883 年，從他僧臘六十三歲看，他受具足戒於公元 903 年，時年二十歲。馬和尚奠定了寺廟的基礎。

接替他的是智詮，他也姓馬，安陽湯陰人，947 年出家，949 年受業，大宋開寶二年（969），發心擴大建造寺院，擴建後的寺院規模很大，「客倦以登臨，宛然磅礴之宮」，總的來說，「先師和尚創其基，今寺主智詮成其構」，兩代人前後相繼，建成巍峨之寺廟，於是在開寶七年（974）向北宋朝廷請寺額，四年後的太平興國三年（978），朝廷敕賜「太平興國」作為寺名。

總之，太平興國寺應該是始建於五代時期，在此之前此地曾有古寺，五代時期馬和尚建立的寺廟可能規模不大，「馴鴉鵲於庵前」，只是一個小庵，當時有寺無號，眾僧人呈報朝廷，索要寺額，太平興國三年（978 年），北宋皇帝趙光義欽賜寺號「太平興國寺」，並立此碑銘記。

金代時期，黃河河道逐漸向東遷移，離開了浚縣，轉移到今天的山東河南邊境，失去了黃河水道，浚縣作為豫北交通要道的地位喪失了，重要性逐漸下降，由州降為縣，但太平興國禪寺卻屢毀屢建，興盛至今。

政治運動中，太平興國寺僧人解散。1986 年，寺廟又重新開放。2008 年 11 月 9 日，相國寺心廣法師的弟子、29 歲的大相國寺監院釋源傑法師入住太平興國寺。

源傑法師是禪宗溈仰宗 12 世、臨濟 46 世傳人，是百歲高僧淨嚴老和尚的嫡傳徒孫，法系可追至佛門宗師太虛大師及中興律宗慈舟大師，中國人民大學哲學碩士研究生畢業，1996 年 8 月在開封大相國寺披剃出家。2013 年 12 月，浚縣太平興國寺被國家宗教局評為「第二屆全國和諧寺觀教堂先進集體」，釋源傑住持也被評為「先進個人」。2014 年，太平興國寺歷經千辛萬苦從北京請了釋迦牟尼佛的真身舍利。法師說，今後要恢復和發展太平興國禪寺的佛樂。

# 第四十六章　雲門宗在元代的遺響——
## 新鄉輝縣白雲寺

宋代五百羅漢碑

五百罗汉碑

五百罗汉碑，全名白茅寺五百罗汉碑，位于白云寺东
院。宋大中祥符元年（1008）立。如京使金紫光禄大夫检
校工部尚书兼御史大夫曹珣篆额，东京右街讲经论文章僧
大德庆珍撰文，讲经论文僧清智书。

碑文记述了后周显德五年（958），白茅寺住持僧师彻
上人，执钵走天涯，化缘聚资财，挥汗筑宝殿，熔金铸罗
汉。寺院燃宝烛，佛光照中天的景象。文字精练，书法圆
润，是研究白云寺佛教史极为宝贵的历史资料。

　　輝縣白雲寺是新鄉地區最重要的寺廟之一，位於輝縣薄壁鎮，寺裏有通《大宋衛州共城縣白鹿山白茅寺五百羅漢碑》，從中可以大概知道其早期歷史。其文曰：

　　　　白鹿山師徹上人，幼歲聚沙，長年事佛。匪馳心於榮利，故秉節於冰霜。庚月澄明，莫比戒珠之彩；楚萍結實，聊方稻果之香。是以三藏講壇，早遇斷輪之手；一乘玄學，曾親遊刃之師。既披沙以得金，亦隨流以認性。

　　　　自顯德四年，徙居此山，選勝尋幽，獲古寺之基址。解囊掛錫，罷此日之遊蹤。遂興當山，曾經停廢之處。僧徒偕詣奏請闕庭，乞賜名額。至顯德五年敕下，令依原額仍舊住持。於是乎佛日再麗於中天，奈苑重鋪於金地。檀那不勸而自化，郢匠不召以四臻。年未期而月殿凌空，歲將稔而雲堂窣漢。

　　　　續太平興國七年，乃得優婆塞馬超謂曰：「師之道契寰中，幽居物外，竟與四絕以爭勝，山將五嶽以齊名。宜於植福之場，別建津梁之所。」師曰：「吾聞佛滅度後，敕諸應真，散在四方，禮樂群品，是故，車轍之靈蹤可驗，石橋之聖蹟堪攀。若崇厥緣，善莫大矣。遂與馬超同為導首，共集資財為乎！人間土木之功，歲月遷而俄朽；世上堅牢之鐵，天時泏以猶存。既樹可久之洪因，須仗良工而鑄造。其中尊則圓通教主，左右則文殊、普賢，列座則五百尊者。莫不熔金模範，各得其宜，粉飾丹青，咸竭其妙。似有神功而化出，貽非人力之所成。巍巍乎！嚴若耆闍崛山，示現法花之三昧；肅肅焉！如在畢缽羅窟，結集貝葉之遺文。瞻相好，則百寶函空；言莊嚴，則千花斂色。所以四縣之檀那願滿，一方之邑會彌隆。

　　　　非師徹上人之道德內充，曷感良緣之克就。大矣哉，能集事也，既如彼矣。其化道者又若斯焉。慶珍聚螢學寡，覆潰功虧，慚無幼婦之辭，遠辱彌天之命，固一喜而一懼，實雖休而勿休。聊用鼇豪，乃為文。

　　　　鐫字人暢懷辨。

　　　　宋大中祥符元年戊申九月戊午十九日。

　　碑文由東京右街講經大德慶玲撰文，金紫光祿大夫、檢校工部尚書兼御史大夫、上騎都尉、東海郡開國侯、食邑一千七百戶曹珝篆額。文中講白雲寺最

早稱為「白茅寺」，這位師徹上人在五代後周顯德四年（957）還能看到「古寺基址」，那麼說此寺建於唐代，是合理的，與傳說中始建於唐高宗年間是相當的。從碑文可知，在宋初，寺內有觀音、文殊、普賢三位菩薩造像，並同時塑造五百羅漢像。可知這個師徹上人能力很強，但可惜師承法派不明。

### 明代凳絕老人天奇塔

元代雲門宗在白雲寺還有傳承。寺後山坡上有元代舍利塔，由「遺山真隱」元好問題寫的《冠山寂照通悟禪師徹公塔銘並引》介紹了元代雲門宗大師澄徹的生平。澄徹法師是山西平定（今陽泉人），俗家姓何，七歲在冠山大覺寺出家，跟隨洪公學義學，一日，問洪公：「經說學佛者需要三大阿僧祇劫，在全世界無論何處都要有捨身的事蹟，如果真如此，真的有人能夠成佛嗎？」洪公不能回答。崇慶初（1212年），年21歲受具足戒成為正式僧人。又學習了三四年義學，對佛教理論蔓延深感不滿，於是拋棄義學而學禪，先是在亳州泗州附近參學，學與清拙真法師，再學於少林寺東林誌隆和寶應定遷法師，最終在雲門宗龍潭虛明壽法師處接法，成為雲門宗弟子，金哀宗正大甲申（1224年），住陳留東林寺，第二年開堂於亳州普照寺，後跟隨虛明法師於汴水旁的淨安寺五六年，後應故吏部尚書張公理之請，又住彰德的天寧寺。〔註1〕

---

〔註1〕溫玉成：《輝縣白雲寺踏察記》，《法音》1986年第5期，第38～39頁。

　　澄徽法師性愛安靜，不願意收徒，但是聲名遠播，求學者不絕於途，有人等候一年還不肯走，澄徽忽然醒悟，雲門宗宗門不振，應該奮起振作，乃始收徒散枝。不過，他雖徒弟很多，卻並沒有挽救雲門宗衰亡的命運，澄徽師徒們的活動，可能是雲門宗的在元代的最後遺響。澄徽法師在 1245 年圓寂，享年五十四歲，僧臘 33 年。

　　元代白雲寺還有一個「佛光普照大禪師」，現在白雲寺保留有他的舍利塔，塔銘顯示：「敕賜開山住持佛光普照大禪師壽至九十三歲，遷化靈塔，大元至元二十九年（1292）二月望日，嗣法門人佛心妙覺大禪師創建。」由於塔銘過短，其生平不詳，從其稱號看，地位不低。普照大師既然稱「開山」說明他與之前的澄徽法師已經不是一個派系。

　　白雲寺內還有一與普照大師塔類似的石塔，塔主人不明，可能也是元代舍利塔。

### 元代普照禪師塔

　　2001 年，9 月，南陽方城人張恒帶人將普照大師塔盜走，兩個月後，案子被破，古塔被追回，但再也無法恢復原樣了。

　　《大明一統志》記載，元末有個輝縣籍的昶公當過白雲寺住持，當時還稱「白茅寺」。「白雲寺，在獲嘉縣治西，舊名白茅寺，元至元中建，本朝洪武中重修，改今名。」由此可知，明太祖朱元璋洪武年間，白茅寺重修，改名「白雲寺」。

　　白雲寺在明代有棽絕老人天奇塔，《棽絕老人天奇塔銘》介紹了天奇和尚，號棽絕老人，他是臨濟宗高峰元妙的七世孫，他是江西南昌人，俗姓江，年二十依荊門無能說和尚出家，在寶峰禪師處得法。據溫玉成的研究，此塔銘可以糾正明代幻輪《釋氏稽古略續集》卷三將棽絕與天奇分裂為二人的錯誤。〔註2〕天奇和尚圓寂後，其弟子二百多人與一個稱為「西番三加班丹廣慧淨覺國師」的喇嘛在弘治戊午年（1498）共同為他立塔。說明在明代中期，還是有許多藏地喇嘛在內地活動，漢藏僧侶關係良好。

　　明世宗嘉靖三十六年（1557），舉人出身的「百泉居士」、福建泉州人李贄出任任河南輝縣教諭（1557 年），曾多次訪問白雲寺，題寫詩作，寺中現有李贄碑刻，李贄後來成為一代思想巨人，思想驚世駭俗，男女平等，收女弟子，出家當和尚，不知有沒有在白雲寺受到的影響？

　　明洪武至正德年間，白雲寺還曾改名為「夢覺寺」，後來至少在萬曆年間又恢復白雲寺的名字。清乾隆十五年（1750），皇帝巡幸河南期間，路過輝縣，曾到白雲寺遊玩上香。

　　今天的白雲寺，清雅幽靜，森林茂密，已經成為著名的旅遊勝地。

〔註 2〕溫玉成：《輝縣白雲寺踏察記》，《法音》1986 年第 5 期，第 38～39 頁。

# 第四十七章　風光旖旎的美麗寺廟——
# 信陽羅山靈山寺

　　河南素有「南北靈山寺」的說法。「南靈山寺」指的就是信陽羅山的靈山寺。河南地處北方，大多數寺廟都是北國景色，但羅山靈山寺則一派南國風光，自然景觀非常美麗。說此寺為河南最美麗的寺院，恐怕不為過譽。

　　然而，與其美麗的自然景觀不符的是，其歷史卻始終處於雲山霧罩之中。關於靈山寺有很多傳說，並無歷史依據，皆不可信，有些甚至是瞎編亂造，貽害匪淺。

　　譬如傳說安史之亂期間，唐玄宗的女兒落難，曾在靈山寺為尼姑的故事，就沒有歷史依據。又傳說朱元璋曾到靈山寺降香，封靈山寺為「國廟」的說法，也沒有歷史依據，不過是晚些時候的縣志所言罷啦，並不可信。至於言之鑿鑿的印度總理尼赫魯1962年訪華期間，曾計劃訪問靈山寺，只因交通問題沒有

成行，更是錯的離譜。尼赫魯確實曾兩次訪華，一次是在 1939 年 8 月，尼赫魯訪華，主要是向戰爭中的中國表示支持，同時也為印度革命尋求經驗。一次是 1954 年訪華，目的是發展中國家間的合作。眾所周知，1958 年，西藏達賴喇嘛出走印度，中印兩國關係惡化，終於導致 1962 年雙方兵戎相見。在這種外交狀態下，尼赫魯怎麼訪華？可悲的是，多家報紙和出版物不察，多次引用，致使這個假消息在網上到處傳播，至今不絕。

關於靈山寺的說法中，比較靠譜的是，靈山寺的禪法，傳自北京西山臨濟宗僧人鵝頭禪師一說。鵝頭禪師確有其人，他大約生活在清康熙年間，屬於臨濟宗第三十七代傳人。他是明末臨濟宗突空智板法師的法孫。而突空智板的禪法源自元末臨濟宗第十九世名僧碧峰性金法師。如此說來，靈山寺的法脈確實是來源有自。但其傳說中朱元璋曾封當時靈山寺住持陳大用為「金碧禪師」，陳大用即「金碧峰」禪師的說法，卻明顯是穿鑿附會。「金碧峰禪師」歷史有明確記載，他俗家姓石，不姓陳，是乾州永壽縣甘井鎮人。靈山寺之所以會有這個傳說，大概是因為他們的僧人記得他們的禪法是來自元末明初的高僧「金碧峰禪師」，於是就將明初的住持陳大用附會為「金碧峰禪師」了。

姜明遠在其《靈山寺遊覽指南》的小冊子中，介紹其字輩為「學經廟藏三義，佛法能仁智慧，本來自信圓名，行禮大通無學。」並介紹說，因為字輩的開頭和結尾都是「學」字，而當時（1994 年）正在首尾銜接之時出現了下輩和上輩都用「學」字的情況，不得已將後輩的「學」字放在後面，譬如「學智的徒弟也是學字輩，就叫明學，學尚的徒弟就叫德學」〔註1〕其實，這個傳下來的字輩是有問題的字輩。大家可以想見，字輩產生就是為了避諱，所以字輩中不可能重複的字，這是常識。筆者仔細檢索了臨濟宗的字輩，發現歷史記載鵝頭禪師門下字輩為：「清淨道德文成，佛法能仁智慧，本來自性圓明，行理大通無學」〔註2〕後來又續為：「學精三藏妙義，究竟半字非有，體用定力如斯，方可超凡證聖。」〔註3〕對比下靈山寺所傳字輩，四句中有三句都相同，恰恰第一句不對。第一句「學經廟藏三義」與鵝頭禪師所傳字輩後續字輩的頭一句「學精三藏妙義」有些諧音類似。所以，我們推斷，由於靈山寺的字輩沒有刻石保存，時間長遠，中間可能經歷戰亂丟失等，字輩產生了混亂，反而把後續

〔註1〕 姜明遠：《靈山寺遊覽指南》，豫內資料準印通字信地發第 93073 號。第 1 頁。

〔註2〕 （清）守一編：《宗教律諸宗演派》，《續藏經》第 88 冊，第 560 頁。

〔註3〕 （清）守一編：《宗教律諸宗演派》，《續藏經》第 88 冊，第 560 頁。

字輩第一句當成了前面字輩的第一句，並且出現了嚴重的錯記。而鵝頭禪師下後續字輩的後三句根本就沒有傳下來。所以就出現了姜明遠所說的「二十四字已輪迴兩遍，現在正是二遍尾字同三遍首字銜接之期。」〔註4〕正常是四十八個字，不可能輪迴兩遍，還出現首尾同字的情況。

靈山寺方面宣傳說，清康熙51年，靈山寺住持呆英赴印度研究佛學，成為印度佛教界一代宗師。如果呆英果然在清代康熙年間去過印度，那這將是中國佛教歷史上的大事。我們沒有看到這方面的證據。並且呆英距離現在時間並不是十分久遠，那他去印度帶回來的資料應該多少會有保存，但現在都沒有看到任何展示。並且多少瞭解印度的人都知道，最遲至13世紀，印度佛教已經消亡，不知道這位呆英法師18世紀的康熙五十一年，為什麼要去印度？又是怎麼成為「印度佛教界的一代宗師」的？並且還吸引來華訪問的尼赫魯想來瞻仰呆英墓？因此，筆者不僅對呆英法師成為印度佛教宗師表示懷疑，對他到底去沒有去過印度都表示懷疑。後來看到姜明遠在1994年撰寫的《靈山寺瀏覽指南》，才發現呆英的故事，完全是編出來的。在《指南》中記載著這個故事的早些時候的版本，那裏呆英被稱為「昊英」，可能是同音的異寫。文中說昊英是宋朝人，又稱吳夫子，是湖北麻城人，考上了秀才，曾兩次進京考試不第。第三次進京趕考後，他穿著從京城中帶回的新衣服，問妻子：「你看我穿這身新衣服像什麼？」他妻子隨口答道：「像個和尚。」第三次又沒考上，昊英就真的去靈山寺當了和尚。他的妻子帶著一雙兒女去寺裏找他，他躲在屋裏，用手捅破窗戶紙，向外看妻兒，忽然產生後悔出家之意，但很快有意識到自己的

問題，於是用剪刀剪掉了那根捅破窗戶紙的手指，刺瞎了向窗外看的那隻眼睛。〔註5〕他斬斷俗念後，艱苦修行，取得了成就。這個故事到了二十一世紀後，又有了新發展，昊英被改為了呆英，時代從宋代拉到了清康熙年間，他妻子的名字也從不知名變為了「韓若蘭」，他出家的因緣也是因為妻子說他像個和尚，但由原來是趕考回來，妻子說他像個和尚，現在變為了趕考前，妻子說他像個和尚。現在的版本又添加了他在康熙五十一年去印度取經的故事，並且據前住持學悟法師說，尼赫魯訪華時期，之所以提出要來靈山寺觀瞻呆英墓，那是因為尼赫魯的祖上曾是呆英法師的弟子。沒有成行的表面原因是交通不便，實際原因是當時寺廟內已經被破壞的比較嚴重了。

通過對呆英故事發展史的回顧，我們基本確定，所謂「呆英訪印」的事情，就是當地僧俗在傳說的基礎上不斷演繹的結果，並不可信。

靈山寺歷史上曾用名「聖壽禪寺」。清道光八年（公元 1828 年），靈山寺被水沖倒，後經不斷修繕，至民國二十年（1931 年）恢復舊觀。此後兵連禍接，日漸蕭條。政治運動期間，各種佛像砸毀貽盡殿宇全部拆毀，唯全套的古建築和「聖壽禪寺」四字保存至今。現山門匾額為原全國佛教協會主席趙樸初親筆所寫。1995 年寺廟有僧尼 35 人。現在，靈山寺已經是著名的 4A 級景區，香火非常旺盛。

---

〔註 5〕姜明遠：《靈山寺遊覽指南》，豫內資料準印通字信地發第 93073 號。第 41～42 頁。

# 第四十八章　古塔與石窟交錯的神秘佛國——衛輝香泉寺

　　香泉寺位於新鄉衛輝西南 20 多里的霖落山中，霖落山屬於太行山東延的餘脈，此地山高林密，香泉常流，故名香泉寺，自古就是神秘佛國。

　　香泉寺所在之地，傳說最早是戰國時期魏安釐王（？～公元前 243 年）的離宮，後來離宮崩壞，只留下地基。

　　與少林寺的關係更為密切的僧稠（480～560），可能是香泉寺的創立者。他原籍昌黎（今河北徐水），實則是鄴城人（安陽）。曾隨佛陀禪師的弟子道房學過止觀，後四處遊學。其人之經歷，我們在少林寺中已經有介紹，佛陀禪師稱讚道：「自蔥嶺以東，禪學之最，汝其人矣。」在河南地區，與僧稠有關的遺跡，除了安陽的小南海石窟之外，就是香泉寺的華嚴洞刻經了。

　　傳說香泉寺始建於北齊天寶七年（556），而僧稠活至560年，僧稠晚年深受北齊文宣帝高洋的信奉，《高僧傳》曾記載有高洋為僧稠建寺廟之事，則僧稠應是香泉寺的建立者，他在魏安釐王離宮的地基上，建立了香泉寺。我們推測，僧稠最後四年，應該是在香泉寺度過的。

　　有學者推測，香泉寺的華嚴洞刻經，「可能是僧稠生前鐫刻的，早於小南海石窟中窟刻經，能夠更加充分地展現出僧稠的華嚴信仰。」〔註1〕香泉寺華嚴洞刻經，內容是《華嚴經》的《佛不思議法品》，配上小南海石窟中刻經《華嚴經偈讚》與《涅槃經》中的《聖行品》，我們知道，僧稠禪師不僅是「蔥嶺以東，禪學之最」，而且對華嚴義理非常熟悉。

### 稠禪師西塔

<hr>

〔註1〕羅炤：《小南海及香泉寺石窟刻經與僧稠學行》，《石窟寺研究》第八輯，第118頁。

　　僧稠法師圓寂後，葬在了香泉寺，今香泉寺還有僧稠禪師的舍利塔，正如與他同時期的道憑法師一樣，他的舍利塔也是雙塔。我們再介紹安陽靈泉寺時，介紹過道憑法師的燒身塔就是並列的雙塔。僧稠燒身塔上有宋人題詞：「復來扣稠師塔，目擊道存。」時間是崇寧四年。元代汲縣人王惲（yun）所寫的《遊霖落山記》中記述香泉寺，「盛時殿閣極多，今只稠禪師殿獨存。」可知僧稠作為香泉寺的建立者，香泉寺中建有專門的稠禪師殿。《續高僧傳》中介紹僧稠在接觸北齊王高洋之前就曾「移止青羅山，受諸癩疾供養，情不憚其臭潰，甘之如薺。」〔註2〕「癩疾」就是現在說的「麻風病」，這裡的「青羅山」可能是現在洛陽偃師南部的青羅山，屬於嵩山餘脈，僧稠在來霖落山建寺之前，就在青羅山麻風病人隔離區有過麻風病人打交道的經歷。

　　而後來我們知道，香泉寺所在的霖落山地區正是是政府用來隔離麻風病人的隔離區。所以我們推測，香泉寺所在位置，可能是僧稠最早在此治療過麻風病人。

　　僧稠圓寂不久，印度高僧那連提梨耶舍來到中國，受到高洋的重視。《高僧傳》記載，他在霖落山的偏僻山區建立香泉寺等三座寺廟，並在周圍建立隔離區，安置麻風病人，〔註3〕可能是接收和擴大了隔離區的範圍。當時設立的寺廟除了香泉寺之外，還有現在作為香泉寺西寺的霖落寺，以及不遠的六度寺。羅炤實地考察後看到，在東西兩寺中間的山谷崖壁上，「至今仍遺留當年放置麻風病人死者骨灰盒的大量石龕。」並且他還說，據傳，那連提梨耶舍臨去世前，將治療麻風病人的藥方刻在十方石碑上，1939年為防止日軍劫走，當時的住持就將之埋入山中，今不知所蹤。〔註4〕所有稱香泉寺為中國最早的麻風病院，是有史料依據的。因此，香泉寺在中國醫療慈善史上是有一定地位的。

　　那連提梨耶舍（約490～589年）可能是香泉寺的第二或第三任任住持，他是印度人，年十七立意出家，尋師問教，遍訪佛跡。經歷五十餘國，前後遊歷四十多年，先到柔然，碰到戰亂不得已東走中亞，於北齊天保七年（557年）來到中國。他大約活了一百歲，隋初文帝大興佛法，將他請到西安大興善寺，成為著名的「開皇三大高僧」之一，翻譯了《菩薩見寶》《月藏》《日藏》《法勝》《毗曇》等大寶積類經典。去世前以「佛法難逢，宜勤修學」誡勉諸弟子。

〔註2〕郭紹林點校：《續高僧傳》中冊，第575頁。
〔註3〕郭紹林點校：《續高僧傳》上冊，第35頁。
〔註4〕羅炤：《小南海及香泉寺石窟刻經與僧稠學行》，《石窟寺研究》第八輯，第118頁。

　　唐代香泉寺有「安法師」塔，是唐垂拱元年（685）建造的磚塔，塔今已經不存，在 1960 年代被毀壞，據留下的《大唐衛州霖落寺大德塔銘》記載，「安法師」在永淳元年（682）圓寂，三年後建塔，但「安法師」的法脈傳承已經無從考究。唐開元十六年（728），開鑿有千佛洞石窟。石窟高 3 米，深 3 米，寬 2.5 米，正壁是釋迦佛及迦葉阿難二弟子，左壁是觀音及善財與龍女，北壁刻小佛像 184 尊，南壁刻小佛像 71 尊。〔註 5〕

　　元代汲縣人王惲所寫的《遊霖落山記》中記述香泉寺非常寥落，只留下一座「稠禪師殿」。明代的香泉寺卻非常繁榮。《重修香泉寺記碑》記載，當時的香泉寺有山門，鐘鼓樓，尊勝佛塔，稠禪師殿及配殿，稠禪師石塔，玉皇殿、古佛殿、地藏殿等。

　　清代此寺留有康熙元年的千佛石閣。今天的香泉寺是一座尼寺，越來越多的人開始關注這座歷史悠久的寺廟。

---

〔註 5〕余曉川：《衛輝香泉寺》，《文物建築》第 3 輯，第 209 頁。

# 第四十九章　著名的地論學派道場——安陽洪谷寺與修定寺

　　唯識思想傳入中國，開始於北魏末年。當時，瑜伽行派的高僧菩提流支、勒那摩提、佛陀扇多等匯聚洛陽，翻譯出了大量的瑜伽行派經典，他們的弟子們形成了中國歷史上具有深遠影響的地論學派。

## 一、地論師的來歷與影響

洪谷寺塔

　　菩提流支，為世親的嫡傳弟子，其傳承為：彌勒—無著—世親—金剛仙—無盡意—聖濟—菩提流支。流支於北魏永平初年，即 508 年來到洛陽，翻出《十地經論》、《入楞伽經》、《深密解脫經》等著名的唯識經典。勒那摩提與菩提流支同一年來到洛陽，他也參與翻譯了《十地經論》，並培養了一批傑出的弟子。佛陀扇多也是當時北魏譯場的著名高僧，他先後在洛陽白馬寺以及東魏鄴城的金華寺譯經，參與了《十地經論》的翻譯，並獨立譯出《攝大乘論》兩卷。這些唯識經典中，需要簡單介紹一下《十地經論》。《十地經論》本是對《華嚴經》裏《十地品》注解，但由於注解者是著名的瑜伽行派大師（唯識學派）世親，故里面有大量的唯識思想，故也可以視為唯識經典。

　　主要唯識經典的譯出，為唯識思想的發展準備了前提條件，而高僧們的傳法活動，則為唯識思想的傳播、唯識學派的形成準備了組織條件。菩提流支培養出了道寵等著名弟子，而勒那摩提則在培養弟子方面更為傑出，培養出了慧光這樣有才能的弟子，慧光的弟子僧達，在當時名氣也很大。洪谷寺位於林州市西南洪谷山上，是北齊文宣帝高洋在洪谷山上為僧達建立的寺廟。

　　地論學派在中國佛教史上有重大影響。勒那摩提圓寂於洛陽，菩提流支則隨東魏朝廷到了鄴城，於東魏初年圓寂。以菩提流支的弟子道寵及其弟子為首，以《十地經論》為研究中心形成了「地論北道」；以勒那摩提的弟子慧光及其弟子為首，以《十地經論》為研究中心而形成了「地論南道」；南道與北道的劃分，據楊維中先生的考證，鄴城（相州）有兩條通往洛陽的官道，一條位于鄴城北，一條位于鄴城南，道寵僧團居於北道，慧光僧團居於南道。〔註1〕形成了在中國佛教史上影響深遠的地論學派。

　　隋代弘揚《十地》的有僧猛。僧猛是陝西涇陽人，僧猛早年弘揚的是《般若》，後改為弘揚《十地》，隋朝建立後，被楊堅任命為「大統」，入住大興善寺，管理僧眾。當時在大興善寺弘揚《十地經論》的大德還有僧粲，他於 590 年入住大興善寺，曾著《十地論》兩卷，並將《十地經論》作為決疑的依據。當時在關中弘揚《十地》的還有大興善寺僧明勞等。

　　僧休，雍州人，今陝西鳳翔一帶。他是道寵的弟子，屬於北道地論師。先是在河北清河縣弘法，北周武帝滅法期間，他潛伏於清河民間。578 年周宣帝即位，恢復佛教，僧休遂在洛陽陟岵寺（今少林寺）弘法，隋朝建立，他作為「六大德」之一，被隋王朝請到長安，帶弟子寶襲等住錫大興善寺。寶襲在僧

---

〔註 1〕楊維中：《中國唯識宗通史》，南京：鳳凰出版社，63 頁。

休圓寂後住錫通法寺,培養有弟子曇恭、明洪。僧無礙,為秦州(天水)永寧寺僧,曾入長安學習《十地經論》。

靈幹為慧光弟子曇衍的弟子,南道地論師第三代,於隋開皇七年奉敕入住長安大興善寺,稱為譯經的「證義沙門」,大業三年(607年),大禪定寺建立,被命為「道場上座」。沙門靈辯為靈幹的侄兒,十歲時喪父,由靈幹撫養長大,後拜曇遷為師,弘揚地論和攝論。

淨影慧遠,師承慧光的弟子法上,屬於南道地論師的第三代。他也是隋代奉詔入京的「六大德」之一,且是帶領十位弟子一同入長安的。慧遠在關中弟子眾多,知名的有慧遷、靈璨、明璨、寶儒、僧昕、寶安、善胄、慧暢、辯相、道嵩、道顏、智嶷、淨業等。屬於第四代地論師。

洪谷寺塔

靈裕,師承慧光弟子道憑,南道地論師第三代。據說靈裕師兄弟二十餘人,唯其獨傳「十地秘論」奧義。楊維中認為,靈裕與慧遠堪稱第三代地論

師中「雙璧」，給他評價很高。〔註2〕靈裕主要的活動陣地是河南鄴城。但是，他也曾到關中弘法。開皇十年，即590年，他奉詔入關，住錫大興善寺，第二年回到河南。期間在關中有幾個月的時間，曾在長安多次宣講經論。隋文帝曾多次遣人問候。靈裕法師的弟子靜淵，陝西武功人，為華嚴宗祖庭至相寺的建立者，為地論學向華嚴宗的過渡作出了傑出貢獻。靈裕的弟子另一個弟子是慧休，年輕的玄奘法師曾向他問道，其傳承為：勒那摩提——慧光——道憑——靈裕——慧休——玄奘。從這個意義上講，玄奘為南道地論師第五代弟子。當時入住至相寺的地論師，比較有名的還有曇遷的弟子智正，屬於南道地論師第四代。

玄奘也許還和北道地論師有關。隋朝費長房《歷代三寶記》卷十二記載：「時屬相州沙門寶暹（道邃、智周、僧威、法寶、僧曇、智照、僧律等十有一人）以齊武平六年（575）相結西遊，往還七載，凡得梵經二百六十部。回到突厥，聞周滅齊，並毀佛法，退則不可，進無所歸，遷延彼間，遂逢至德，如渴值飲，若暗遇明。」寶暹的西行求經的經歷，一定對玄奘有直接的影響，玄奘在成都期間，也向寶暹學習，但寶暹的師承不明。但我們推測，寶暹可能是北道地論師的傳承，他可能就是僧傳中所說的寶襲。因為後來玄奘即使從印度歸來以後，也念念不忘去嵩山譯經，原因是「少林寺、閒居寺，為菩提流支三藏譯經之處也。」可見，玄奘對北道地論師的祖師菩提流支，有著特殊的感情。如果這個猜測準確，那麼玄奘在北道地論師的傳承就是：菩提流支——道寵——僧休——寶襲（寶暹）——玄奘。玄奘當為北道地論師第四代弟子。

由於玄奘多方求學，諸家學說不盡一致，年輕的玄奘深感在國內無法求得真實義，這才是他決心不計生死去印度求經的初心。

## 二、僧達法師與洪谷寺

雖然地論學派在中國佛教史上有過很大影響，可是，目前國內有關地論宗的遺跡並不是很多，安陽林州的洪谷寺就是其中比較具有代表性的一個。我們先來介紹下洪谷寺的開創者僧達法師。

《高僧傳》卷十六《齊林慮山洪谷寺釋僧達傳》介紹，僧達俗姓李，上谷（今河北張家口懷來縣）人，十五歲出家，先在平城（今山西大同）地區遊學，受具足戒後，學習戒律，學習兩年後，受到孝文帝的重視，邀他進入國寺弘揚

〔註2〕楊維中：《中國唯識宗通史》，南京：鳳凰出版社，124頁。

《四分律》。他面相古怪，頭似老虎頭，耳朵長大，門齒超過一寸，辯才無礙，有人稱之為「虎頭禪師」。他後來到洛陽跟隨勒那摩提學習，不久，勒那摩提圓寂，這時，他已經頗有名氣，但還是跟隨勒那摩提的弟子慧光法師學習《十地經論》，「遂從受菩薩戒焉，因從請業」。〔註3〕所以嚴格地說，他應該是慧光法師的弟子。僧達又南下，去向徐部學習，後聽說梁武帝弘揚佛法，就前去造訪，梁武帝一連與他談論七晚，對他十分信服，於是從他受戒，讓他住在同泰寺裏。一年後，僧達法師要求回北方，梁武帝不許，一連幾次懇請，才同意他離開。當時任兗州行臺的侯景，為僧達建立寺廟兩座，一座位於山中，名為「天觀寺」，一座位於治所城市裏，名為「丈六寺」。他還受到當時已經退位的廢帝、中山王元善見的信奉，元善見讓高隆之召他入鄴都，從他受菩薩戒。

## 洪谷寺千佛洞

北齊建立後，文宣帝高洋對他十分崇信，為他在山裏建立洪谷寺，在鄴城建立定寇寺。這就是洪谷寺的由來。僧達講授《華嚴經》《十地經論》等，非常清晰。早在游離南朝時，寶誌和尚就曾說過，北方的僧達和曇鸞兩位禪師，

---

〔註3〕《續高僧傳》中冊第571頁。

都是肉身菩薩啊！北齊天保七年（556），僧達在洪谷寺圓寂，享年 82 歲，以此算之，他應該出生於公元 474 年，也就是孝文帝延興三年。

洪谷寺屢毀屢建，直到明清都非常興盛，現在還保存有北齊千佛洞石窟、三尊真容像支提龕銘碑、大緣禪師摩崖塔龕、明清時期的洪谷寺塔林等，寺內的洪谷寺塔為全國重點文物保護單位。

石窟位於洪谷寺東北崖壁的山腰上，坐北朝南，東西長 3.97 米，簷高 2.67 米，門楣上兩側簷下分嵌兩方造像題記，東側題記裏記載有：「大齊武平五年於洪谷寺東四百餘步，名山之側，遂造大石像一軀，並二菩薩、阿難、迦葉等。」可知此千佛洞石窟最初刻於北齊武平七年（574）。

西側刻有比丘僧員操於唐乾封元年（666）刻寫的題記，記載當時北齊石窟已經破損，他主持了全面修復和改造，並敬造龍華浮圖一所，還刻有《觀音經》《金光明經》《無量義經》《遺教經》《摩訶摩耶經》等。據王振國的研究，員操的這次改造非常徹底，使得千佛洞造像顯現出明顯的初唐特徵。他認為刻經總字數達到了 116 萬餘字，他經過對比後認為，千佛洞刻經中的《金剛經》是鳩摩羅什的翻譯本，與現在的通用版本相比，少了 62 字，這 62 字，應是後人從菩提流支譯本中挪過來的。他還介紹，《觀音經》所用的版本不是通用的鳩摩羅什本，而是隋代闍那崛多與達摩笈多所翻譯的《添品妙法蓮花經》中的《觀世音菩薩普門品》。

## 三、法上法師與修定寺

安陽郊區的修定寺，也是地論學派的道場。它的建立，與地論學派高僧法上（495～580）有關。《續高僧傳》中的《齊大統合水寺釋法上傳》記載，法上俗家姓劉，朝歌（今鶴壁淇縣）人，十二歲投道藥法師出家，被稱為「聖沙彌」。到林慮山的上胡寺潛修維摩經與法華經，只用了二十天就通達。後來到洛陽，在慧光法師那裏受具足戒。法上在京師講解《十地經論》《涅槃》《楞伽》，非常受歡迎，被稱為：「京師極望，道場法上」。〔註4〕

後來被大將軍高澄奏入鄴城，擔任昭玄大統，北齊代魏，法上續任大統時間將近四十年，統領僧尼二百餘萬。法上在北齊時期是炙手可熱的人物，僧界之領袖，北齊開國皇帝文宣帝高洋曾把自己的頭髮鋪在地上，讓法上踩過，以此來表示對佛法的尊崇。

當時高句麗大丞相高德，信奉佛教，有疑問向北齊請教，法上一一回答，國相十分滿意。當時法上住在相州（今安陽）的定國寺裏，他將得到的財物換成金銀，在今安陽西北約三十公里處造一山寺，名合水寺，「今所謂修定寺也。」〔註5〕公元577年，北周滅齊，宇文邕在齊地推行滅佛，法上不得已穿上俗服，但行為舉止與僧無疑，他晚年信奉彌勒，希望圓寂後升入彌勒的都帥天宮，聆聽彌勒講法。並希望彌勒如來保佑他能夠看到佛法再次興起。到了周靜帝大象二年（580），當時，楊堅代周的局面已經開始顯現，在楊堅的策動下，當年六月庚申「復行佛道二教」。〔註6〕聽到這個消息之後，法上十分高興，也終於放心了，到了七月就圓寂了，享年86歲。

修定寺塔號稱「中華第一花塔」，所謂「華塔」，是指塔身裝飾有繁複的花飾，有巨大的花瓣、佛龕、佛像、菩薩像、天王、力士像裝飾的塔，「是古塔由質樸到華麗，又實用到單純崇拜的結果」〔註7〕董家亮認為，修定寺塔始建於北齊天寶二年至四年間，即公元551～553年，〔註8〕由法上法師主持建造的。他並舉出碑石文獻對於修定寺塔的記載，形狀、材料完全能配得上，證明此塔為法上所建的釋迦塔。當然，不排除在唐代曾經有過維修。

洪谷寺和修定寺都是河南歷史上的名寺，在佛教史上地位顯赫，但現在都是文物遺存，並無僧人入住，也不是開放佛寺。

---

〔註4〕郭紹林點校：《續高僧傳》中冊，第261頁。
〔註5〕郭紹林點校：《續高僧傳》中冊，第262頁。
〔註6〕（唐）令狐德棻：《周書》，北京：中華書局，1971年，第132頁。
〔註7〕李湘豫：《河南佛教塔寺文化漫談》，河南大學出版社，2010年，第35頁。
〔註8〕董家亮：《安陽修定寺塔建造年代考》，《佛學研究》2007年，總第16期。

# 第五十章　金代鄭州臨濟宗的輝煌——
鄭州普照寺與洞林寺

　　鄭州普照寺在金代非常重要，裏面有著名的普照寶公，是臨濟宗在金代傳承的三個主要支派之一。從這個意義上說，稱之為臨濟宗祖庭也不為過，普照寶公的禪法非常有特點，可能繼承的是唐代宗密法師開創的「華嚴禪」的路子，他確實培養了許多弟子，他完全夠得上一代宗師的水平。他的弟子曾在嵩山少林寺、大法王寺等著名大寺任住持，關於他的資料近些年逐漸多了，普照寶公的法系也逐漸顯現了出來。普照寶公晚年住在滎陽洞林大覺禪寺，所有文獻稱之為「洞林寶公」或者「大覺寶公」，因為普照寺現在已經無存，連地方在哪裏都無可考究，歷史更是很難說清，我們在這裡列出普照寺，只是想拋磚引玉，提醒鄭州歷史上還有個這麼重要的臨濟宗祖庭，現在不知所蹤。但洞林寺仍在，這兩個寺廟歷史相關性較強，就放在一起介紹。洞林寺始建於何時，也已經不可考究，但滎陽鄭氏是北朝和隋唐時期的四大名門士族之一，世代信奉佛教，曾在北魏晚期出資修建了著名的鞏義石窟，而滎陽鄭氏的幾大支派中，有一支派名「洞林房」，名人輩出，我們猜測，洞林寺即便不是滎陽鄭氏洞林房出資興建，也和他們關係非常密切，但是因為時代久遠，這個問題還要繼續研究，才能得出可靠的結論。這兩個寺廟為我們所重視，是從金代開始。

財神殿

　　李輝引元代《真定十方臨濟慧照玄公大宗師遵行碑銘》的說法：「琅琊覺傳泐潭月，月傳毗陵真，真傳白水白，自傳天寧黨，黨傳慈照純，純傳鄭州寶，寶傳竹林藏、慶壽亨、少林鑒。慶壽亨傳東平汴、太原昭；少林鑒傳法王通，通傳安閒覺，覺傳南京智、西安，南京智傳壽峰湛，西安傳雪堂仁公，由臨濟十八世矣。」〔註1〕理出了鄭州普照寶公的禪系源自汾陽善昭的弟子琅琊慧覺。慧覺祖居洛陽，大約出生於公元 973 年左右，可能於公元 1060 年前後圓寂。〔註2〕他原為儒生，其父曾任衡陽太守，父親死後他在湖南藥山寺出家，後跟隨善昭返回汾州太平寺太子禪院學習，成名後與范仲淹、歐陽修、張方平等名士均有交往。〔註3〕「泐潭月」指的是洪州泐潭曉月禪師，而後三傳至鄭州寶，即法海的師傅、鄭州普照寺的寶公和尚。這一系臨濟宗的傳承，是金代臨濟宗的三個重要支派之一。〔註4〕

　　金代鄭州普照寺的「寶公和尚」的生平狀況，近年的研究也有進展。李輝在鄭州滎陽發現了其弟子守方為其所立的《鄭州大覺禪院寶公禪師塔銘》，雖是殘碑，但交代了「鄭州普照寶和尚」的生平事蹟，非常珍貴。其碑文曰：

〔註1〕李輝：《金朝臨濟宗源流考》，《世界宗教研究》2011 年第 1 期，第 22～23 頁。
〔註2〕李曉春，韓傳強：《北宋狼牙山慧覺廣照禪師考略》，《法音》2019 年第 9 期。第 14～16 頁。
〔註3〕李曉春，韓傳強：《北宋狼牙山慧覺廣照禪師考略》，《法音》2019 年第 9 期。第 16～17 頁。
〔註4〕李輝：《金朝臨濟宗源流考》，《世界宗教研究》2011 年第 1 期，第 22～29 頁。

住山之興盡，以院事屬之法嗣悟鑒，退然結茅於滎……生於謗
傷，師欣受之，諸方行腳日踵其門，去者師不……平生外，堂□□
之，語也自有錄。示寂之日，命眾而言：吾將……居之前，不云而
雨。師壽七十五，臘四十，於荼毗之地得舍利……子之名以守字冠
其首，曰明，曰山，曰松，曰復，曰清，曰真，曰智……諸佛妙理，
非關文字，如師也。方當學道，未嘗蒙祖師棒喝，又……豈復有二，
始知文字中能成就如此功德。銘曰：……震旦一法自竺乾，古佛滅
度迦葉傳，功德正在……亦有棒喝為機緣，心未瞥地如登天。卓哉
寶公……向上一路直如徑，度四十臘示變邊。舉之如空……時大定
二十一年歲次辛丑巳月庚申日。定遠大將軍……〔註5〕

## 洞林寺

碑銘說寶公的法嗣是悟鑒，悟鑒正是《少林禪寺海禪師塔銘並序》的立碑
人，法海禪師的師弟。寶公在年老時，將普照寺交給自己的法嗣悟鑒，自己退
居到滎陽的大覺禪院。他生前是中州著名的大禪師，各地行腳參訪的人不斷
（「諸方行腳日踵其門」），他並有語錄存世（「語也自有錄」），可惜現在已經無
存。尤其重要的是，塔銘提供了寶公的存世時間是七十五歲，僧臘四十。李輝
在《滎陽金石志》中還發現了相關記載：「鄭州大覺禪院寶公塔銘，正書無年

〔註5〕李輝：《金代汝州風穴寺守方禪師行實考》，《風穴寺與汝州文化研究論文集》，
　　　未出版，第122頁。

月，在洞林寺殿壁，以有大定己亥四字，故列於大定之後。」《石刻名匯》卷14也記載：「寶公禪師塔銘殘石，大定十九年，河南滎陽存。」〔註6〕可能「大定己亥」四字，屬於殘碑的另一部分，現在已經無存。這個時間比「大定二十一年」早兩年，可能是寶公圓寂的時間，而「大定二十一年」是立碑的時間。若這個推論正確，那麼鄭州寶公應該生於北宋徽宗崇寧四年（1105），圓寂於金大定十九年（1179）。他僧臘四十，那麼他應該是在金天眷二年（1139）出家為僧。滎陽洞林寺還有塊碑，碑文裏有元至正二年（1342）王之綱所寫的序言：「有洞林寶公，臨濟七世孫琅琊嗣也，生金大定初，性圓融機穎，悟淨名休，用懺微具悉，禪定之餘，喜事翰墨，一時名士多與往返，如魏雷溪、道明、張竹堂、元石孟翰友之，皆為方外友詞章，叩見於酬唱，名重當世，大宗師也，累主名剎，各有遺跡，其住持鄭州普照為最久，人率稱鄭州寶公。」〔註7〕王之綱說鄭州寶公生於大定初年，顯然是不對的，但他講鄭州寶公與當時的名士魏雷溪等人的交往，則可以補充我們對寶公的認識。《塔銘》還告訴我們鄭州寶公的多個弟子：守明、守山、守松、守復、守清、守真、守智、守方。碑文中還有「諸佛妙理，非關文字，如師也」以及「豈復有二，始知文字中能成就如此功德」等言語，可知這位「寶公和尚」對文字持既「不立文字」又「不離文字」的辯證態度。一方面，堅持禪宗的獨立精神，不拘泥於文字教條；另一方面，又注重發揮文字在學習、著述、傳承方面的重要性。

李輝在滎陽還發現了法海禪師的師弟守方的塔銘《鄭州滎陽洞林大覺禪院第五代方公禪師塔銘》：

> 林溪嗣祖沙門洪相撰
>
> 師諱守方，俗姓郭氏，鄭州氾水人也，生而穎悟，志氣不群，博涉技藝，工巧之事，靡所不通。三十有五，偶厭俗累，乃曰□□如夢幻，若不洗心割磨，情習而來，永沉諸妄。時聞洞林開山和尚住持本州普照，純以聖賢心法，本分為人，遂依之出家，服勤累年。洎退居洞林，亦相從焉。師秉性渾厚，克己儉薄，樂於成事，雖□□□，□服之間，但出一意，處一事，□高遠皆可以為人法式。嘗為開山創壽塔於洞林西偏，柏原之上，突兀出於群木之表。俾□遠

---

〔註6〕李輝：《金代汝州風穴寺守方禪師行實考》，《風穴寺與汝州文化研究論文集》，未出版，第122頁。

〔註7〕李輝：《金代汝州風穴寺守方禪師行實考》，《風穴寺與汝州文化研究論文集》，未出版，第123頁。

人咸得瞻□，以手加額曰：此洞林開山寶公禪師塔廟也，匪獨壯觀
蘭若幽勝。則開山道德悉見，照著於後世矣，生小補哉！凡事處削，
例皆如此。開山由是深加器美，屢以染削激勵之。師承其教，梵行
之外，刻意《華嚴》等經。定十三年秋，遂中選焉，受具之後，開山
謂曰：吾本欲此地增輯為四方佛子辯道之所，奈何老矣。汝無憚勞，
它成就取。師篤於孝敬，欽頒慈誨。未幾，會本郡缺僧官，眾以師
戒德孤潔，識量深厚，共推舉補其位。師居職臨眾也，以公疾私，
惻怛泛愛，平居多寬綬，遇事輒皆趨辯，使夫自使於遊義者一口鉗
而心服，受號和眾大德。任淵閒居，竊常自謂曰：夫沙門應史徹生
死，玄通佛理，自爾心忘機絕學，歸根守一，乃至一無可守。因一
日閒閱《華嚴經》至善財童子入普賢菩薩腹，憶昔開山披誦至此證
入□由，不覺身心廓然如大虛空，移時而省。厥後逢緣遇境一切平
常自忘，計較古之所謂從緣悟入，永劫不忘，信不誣也。果熟香飄，
諒自有時。出世演法，初住汝州風穴，次住嵩山盧岩，於二中間□
膏起廢不為不多矣。後復洞林舊居，以先開山付囑是念，乃竭力忘
疲，闢田疇，治溝洫，構房屋，隨地高下，薙去荒翳，植以佳木，排
衙列仗，夾道相望，左右膜鮮明莫塏，真道人所居也。彌陀殿東西
兩序，先有洞房，師嘗患其制度，度略以前人所為，不忍革去，相
仍於中創羅漢像五百軀，皆次佛菩薩法會緣起，次第陳列之。又直
院之南百餘步，穴地為渠，遂以磚石構屋，修□削木為機輪，擎澗
引水湍激，日破麩麥，人畜不勞，一眾獲利寔山，師之妙用也。為
數年間，勤績修著，以水風地火之軀，不任其勞，漸成羸弱，因退
閒，居西堂，尚以三門未立，委門資淨行等為之。然機堵安設亦師
傳□規劃主的。泰和四年冬，因疾發動，厭人世繁喧，於嵩山法王
寺時，予亦寓跡法王西庵，屢獲□話，故師平昔行為飽聽飫聞矣。
越明年春，復返洞林，四月十二日酉時奄然而化。俗壽七十三，僧
臘二十九，門弟子四人，首曰淨行，次曰溫，曰燈，曰演。溫與行
先趣滅於師前，淨燈等營辦後事，取奉遺骨，塔於院之西南隅。以
予知師事遂詳寔，拜請記之，照告後世弗忘，固辭任以鄙拙不文，
無以發明，師德業之美為恨，謹勒銘曰：

妙淨明體，匪證匪修，如金從範，如海發漚，生滅去來，本無異樣，有執別相，歸根得法，了悟惟師。奮智慧刃，斷塵緣羈，易俗慕僧，業經取選，網紀教門，乃英乃彥，佩荷大法，三坐道場，行圓德備，羅漢妝光。來既無從，去復何所，雲靄峰巒，月分州渚。

泰和六年十月十二日　小師淨燈、淨演立石

若□谷周成刊〔註8〕

　　從碑文看，守方法師俗姓郭，鄭州汜水人，三十五歲跟隨普照寶公出家，服侍左右，在寶公退居洞林寺後，他也跟隨到了洞林寺，並在寺西為寶公建立壽塔，由此深得寶公的喜愛，碑文中有「師承其教，梵行之外，刻意《華嚴》等經」的文字，說明普照寶公雖是臨濟禪僧，也非常注重對《華嚴經》的修習。金大定十三年（1173），守方才獲得官方度牒，受具足戒成為正式僧人。寶公

〔註8〕李輝：《金代汝州風穴寺守方禪師行實考》，《風穴寺與汝州文化研究論文集》，未出版，第120～121頁。

遂將洞林寺託付給守方，囑託他將之建成「四方佛子辯道之所」。沒多久就被
推薦為鄭州地區僧官，由於處事公平，深受有司肯定，獲贈「和眾大德」稱號。
守方在為其師寶公的《塔銘》中自稱「方當學道，未嘗蒙祖師棒喝」，說明在
其師圓寂時，他尚沒有證道。而是在擔任僧官期間，讀《華嚴經》至善財童子
入普賢菩薩腹內時，回想起寶公當年正是由此開悟，才有所想而得道。他結束
僧官後，既然已經開悟，就出任汝州風穴寺住持，繼而再任嵩山廬岩寺住持，
最後才任洞林寺住持，對洞林寺進行了大規模的建設，又開地引水，建立水磨，
大大方便了僧眾，減輕了勞累。後因勞成疾，退居西堂，但仍規劃各種事宜。
泰和四年（1204）病情發動，到嵩山法王寺養疾，第二年春回到洞林寺，四月
十二日圓寂，享年七十三歲，僧臘二十九年。那麼他生於金天會十一年（1133），
金大定十六年（1176）受具足戒成為正式僧人。他有四個弟子，淨行、淨溫、
淨燈、淨演。前兩個弟子早亡，淨燈和淨演為守方在洞林寺西南隅建立舍利塔，
並託洪相撰寫了塔銘。

## 洞林寺石碑

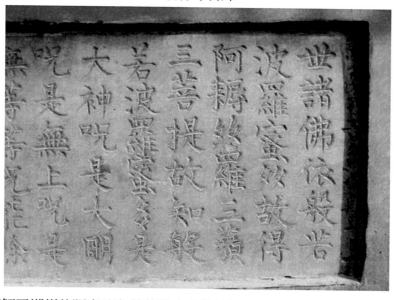

　　瞭解了鄭州普照寶公和其弟子守方的情況後，我們可以得出以下結論，那
就是普照寶公一方面非常注重臨濟宗的禪法傳承（「諸佛妙理，非關文字，如師
也」）保持了禪僧的本色；另一方面，他也非常重視華嚴經，他本人就是通過
《華嚴經》而得悟的，他的弟子守方也是通過讀《華嚴經》而得悟的，這就是
守方在其師的塔銘中所說的「豈復有二，始知文字中能成就如此功德」的涵義。

　　少林寺的《少林禪寺海禪師塔銘並序》主要是對金代少林寺住持、普照寶公的弟子法海禪師生平的簡介。碑文介紹他於金大定十八年（1178）二月十五日圓寂，享年四十七歲，那麼算起來，他應該是出生於1131年。法海禪師原籍是寧州襄樂縣（今甘肅慶陽寧縣湘樂鎮）人，俗姓王，自幼在本郡普賢院出家，拜僧永秀為師，「初習經論」「精修禪觀」，受過良好的基礎教育。法海最初在本郡普賢院出家，「普賢院」以《華嚴經》最推崇的普賢菩薩命名，反映這個「普賢院」可能是個非常重視《華嚴經》的寺廟，也許曾經是華嚴宗的寺廟。其啟蒙老師永秀，也可能是個弘揚《華嚴經》的僧人。如果我們這個推論屬實，那麼受過系統華嚴教育的法海禪師，在四處行腳訪學後，歸心於同樣重視《華嚴經》並由《華嚴經》得證的鄭州普照寶公，是合情合理的。由此我們也可以推知，法海禪師的佛法思想，與其師寶公和尚是一致的，那就是既重視臨濟傳承，又重視《華嚴經》等經論的學習，以經論的學習來啟發開悟，大概是這個在金代影響甚大的臨濟禪派的最大特點。將禪與《華嚴》結合，正是唐後期宗密大師開創的「華嚴禪」的路子，我們欣喜的看到，唐代的華嚴禪，在金代少林寺仍在傳承。少林法海禪師最後圓寂的地方是「靈泉寺」，現在已經無法考證所在，可能是附近的一個少林寺下院，也可能是今安陽的靈泉寺。

　　普照寶公還有個更加得意的弟子教亨（1150～1219），應該是法海的師弟。他曾擔任嵩山少林寺和法王寺的住持，我們在《法王寺》一章裏有詳細的介紹。

　　元代洞林寺也比較繁榮，現在寺裏有塊碑，記載了元代寺內曾迎請有大藏經。明洪武十七年（1384）二月所立的無緣真公塔立於洞林寺西側崗上，塔高10餘米，是洞林寺目前所存時代最早和最重要的古代遺存之一。

　　朱元障建立明朝，其第五子朱橚被封為周王，在開封建立周王府。明藩王周靖王死後，葬於洞林寺旁。景泰年間（1450～1456），明潘周簡王也葬於寺後附近，以後，周王府的不少潘王死後都葬在寺院附近，建立皇家陵園，洞林寺便一度成為周王府的家廟，受到了空前的禮遇，寺院規模很大，佛事活動非常興盛。周王府兩度下諭旨保護，王室成員頻頻到寺祈禱上香，出資增修佛殿，幾次刻碑記其盛事。因此，有明一代，洞林寺聲名大震，成為當時河南最有名的寺院之一。

　　清代，洞林寺有所衰落，但仍然是鄭州地區最有影響的寺廟之一。現在，古老的洞林寺已經恢復，日漸繁榮，成為鄭州地區的知名的網紅打卡地。

# 第五十一章 曇鸞大師擔任過維那的淨土宗祖庭——鄭州超化寺

　　超化寺也名阿育王寺，位於新密市超化鎮超化村，原寺分為上寺、中寺與下寺，現在所說的超化寺，是指的下寺，也稱金鐘寺。超化寺始建於何時不可考，但至少在北魏時期就已經存在。現存有一「北齊造像碑」，為大齊河清三年（564）二月八日建。據劉建洲介紹：「1952 年 4 月，中國人民銀行密縣支行的王經曾，在縣城（老城）南 7.5 公里超化寺舊址上發現了這通造像碑。是年 10 月密縣文化館魏殿臣又前往調查，認為是重要文物，經縣文化局研究決定運縣文化館保護。今存縣文物保管所。」〔註1〕碑裏面提到了曇鸞法師曾在此寺擔任維那之事。此碑長期埋於地下，明代出土。明萬曆三年即公元 1609 年，當時著名的才子袁宏道曾去寺裏遊玩，見到過此碑，並寫下了《遊超化寺記》一文，文曰：「碑陰有維那曇鸞名，是嘗學於流支者也，……渡溪而西，僧塔甚多，塔碑僅存，皆唐宋間人。一塔八方，每方皆勒古名人寺，鏤其句之景於石，堆迭起伏。」今此碑仍然存在，實屬幸運，只是曇鸞的「曇」字上面的「曰」殘破不清，下面的「雲」還在，前面的「維那」與後面的「鸞」字都還清晰。〔註2〕曇鸞大師生活於公元 476 至 542 年，距離刻碑的時間很近，刻碑時，超化寺內不少見過曇鸞法師的人還在，所以，碑文的記載是可信的。

---

〔註1〕劉建洲：《密縣超化寺北齊造像碑》，《中原文物》1994 年第 1 期，第 109～112 頁。

〔註2〕劉建洲：《密縣超化寺北齊造像碑》，《中原文物》1994 年第 1 期，第 109～112 頁。

　　曇鸞（476～542），山西雁門人，大約十四歲出家，廣學佛教經綸，尤其精通「四論」：《中論》、《百論》、《十二門論》、《大智度論》。他後來以中觀學派的觀點來解釋淨土理論，絕不是偶然的。據說曇鸞大約五十歲時得了場病，想到自己對《大集經》的注釋尚未完成，如果就此死去，則心願難了，聽說南方的道士陶弘景擅長神仙方術，可以延年益壽，於是他便南下茅山，向陶弘景求教，陶弘景熱情地招待了他，並授予他《仙經》一部，讓他回山學習道教的「調心練氣」之術。曇鸞回到洛陽，剛好碰到了菩提流支，曇鸞向菩提流支問道：「佛法中頗有長生不死法，勝此土《仙經》者乎？」菩提流支唾地回答：「是何言歟？非相比也。此方何處有長生法？縱得長年，少時不死，終更輪迴三有耳。」於是便把自己翻譯的《觀無量壽經》授予曇鸞說：「此大仙方。依之修行，當得解脫生死」。〔註3〕於是曇鸞將從陶弘景那裏得來的《仙經》燒掉，從此走上了弘揚彌陀信仰的道路，也就是說，這位宗教家直到五十多歲才從菩提流支那裏接到了彌陀淨土的法。今天，我們熟知的關於曇鸞的事蹟，就是著名的「玄中寺弘道」。說是東魏的孝靜帝遷都于鄴城，對曇鸞非常重視，敕住并州大寺，即今太原附近的晉祠，後來曇鸞又遷往晉西的石壁山玄中寺，在這裏度過餘生。曇鸞留下的著作有：《往生論注》兩卷；《略論安樂淨土義》一卷；《贊阿彌陀佛偈》，另外，曇鸞很可能保留有從陶弘景那裏得來的《仙經》的底稿，因為他有大量相關的論著留世：《調氣論》；《療百病雜丸方》三卷；

〔註3〕《續高僧傳》上冊第189頁。

《論氣治療法》一卷；《服氣要決》一卷。可見曇鸞除了是個宗教家以外，還是個出色的醫學家。他在玄中寺弘法期間，經常帶領弟子到今山西省介休縣綿山之陰集眾念佛，可惜曇鸞並沒有能夠培養出來出色的弟子，以至於眾多的弟子無從考證。

曇鸞是名副其實的淨土宗第一祖師，他第一次對彌陀淨土進行了多方面、多方位的論證：

1. 判教：判淨土為易行道，其他宗派為難行道。

2. 特點：淨土宗為靠他力，其他宗派為靠自力（當時密宗尚未興起）。

3. 彌陀淨土為真實存在，不是心中假設。

4. 彌陀淨土超越三界之上，往生淨土即是菩薩。

5. 五逆罪者可以往生淨土，但誹謗正法者不可以。

6. 方法：實相念佛、觀想念佛、稱名念佛並重，但是突出了後者。

7. 指明了念阿彌陀佛實際上就是念咒。〔註4〕

曇鸞第一次將稱名念佛從手段變成了獨立的法門，這一轉變具有里程碑的意義。〔註5〕

〔註 4〕陳揚炯《中國淨土宗通史》，南京：江蘇古籍出版社，2002 年 11 月，第 109～182 頁。

〔註 5〕陳揚炯《中國淨土宗通史》，南京：江蘇古籍出版社，2002 年 11 月，第 182 頁。

　　查閱《續高僧傳》卷六中的《曇鸞傳》，可知曇鸞在河南地區的弘化，是
在他從梁國求仙經之後，到洛陽見到菩提流支，菩提流支授予他《觀無量壽佛
經》之後，「鸞尋頂受，所賚仙方，並火燒之，自行化他，流靡弘廣。」〔註6〕
曇鸞在洛陽周邊地區弘化，名聲大震，後來被北魏皇帝聽說，稱他為「神鸞」，
下敕令讓他入住并州（今太原）大寺，到了晚年才入住的石壁玄中寺。長期以
來，我們不知道曇鸞在見過菩提流支後，在回山西之前這段時間，在哪裏修行。
現在超化寺「北齊造像碑」的出現，填補了佛教史上的空白，我們可以肯定地
說，他是在新密的超化寺內擔任維那。超化寺真是曇鸞大師的福地，他應該是
在超化寺仔細研讀了《觀無量壽佛經》，形成了自己的理論。如此，超化寺就
是淨土宗開宗祖師弘法過的寺廟，那就是名副其實的淨土宗祖庭。菩提流支到
中國的時間是永平初年，即公元 508 年，曇鸞當年 32 歲，由此可以肯定，曇
鸞在超化寺任維那的時間最早也應當在公元 508 年之後的若干年內。《高僧傳》
記載說，曇鸞見梁武帝是在大通中，大通年一共三年，即 527、528、529 年，
如果把曇鸞見到梁武帝的時間定為公元 528 年，那麼他見菩提流支肯定在 528
年之後。曇鸞是見了菩提流支之後才去超化寺的，所以他擔任維那的時間肯定
是在 528 年之後。他應該是在 528 年之後的若干年，他的淨土思想中很多內容
應該就形成於超化寺中。見菩提流支之後，曇鸞開始形成自己的淨土思想，他
之後又活了十五年，主要經歷了三個大寺，首先是超化寺，其次是并州大寺，
最後是玄中寺。如果我們假定每個寺廟生活五年，那麼他在超化寺生活的時間

〔註 6〕《續高僧傳》上冊第 189 頁。

就是公元 528 年至 533 年。考慮到他是一個不知名的外地僧人，能夠在名僧林立的洛陽引起北魏皇帝的注意，是需要一定時間的，所以我們估計，曇鸞在超化寺修行時間的估計，是恰當的。

河洛地區名寺甚多，曇鸞為什麼選擇了去超化寺修行呢？我們推測，可能與超化寺塔有關。超化寺塔原名「阿育王塔」，我們在《白馬寺》一章裏介紹過，阿育王分舍利時，往大支那國即中國分了 19 顆佛舍利。其中，陝西法門寺的佛指骨舍利就是最早的一顆。白馬寺齊雲塔也有一顆。超化寺的阿育王塔地宮裏，原來也有一顆。超化寺中所傳的「名剎十五」，有人說意思是當時超化寺所存的舍利是第十五顆舍利，也有人認為，是說超化寺的規模和名氣排名十五。所以我們認為，曇鸞法師去超化寺修行，可能與寺內有釋迦佛的舍利子有關。

阿育王塔在 1969 年被拆毀，所拆下的磚石被用來建廠。拆塔時，從塔頂塔剎上拆的文物銘文記載，金大定十六年（1176 年）曾重修超化塔。直到最後塔基的地宮被打開，發掘出不少文物。其中最珍貴的是一個由漢白玉雕造的舍利函，裏面是綢子包裹著的佛骨舍利等物，現藏於河南博物院。

如同齊雲塔一樣，早期的超化寺塔可能為木塔，木塔損壞後，在唐代開元二年（714）重建，超化寺塔在清代以後歷經戰火，逐漸衰落。1920 年，超化寺內神像被扒毀，壁畫被鏟掉。1930 年超化中寺也被拆毀。現在，超化塔已經重建，超化寺正以嶄新的面貌，迎接客人們的到來。

# 第五十二章　臨濟宗白雲禪系祖庭——
## 桐柏太白頂雲臺寺

　　河南南陽桐柏山，歷來是道教聖地，傳說鬼谷子就曾在此隱居傳道，淮瀆廟在漢代就有道士入住。南朝曾在此設金庭館，為當時五大館之一，北周武帝時期，改「館」為「觀」，易名「金臺觀」。道教的說法是仙人王子喬得道之後，被靈寶天尊封為「桐柏真人」，建治就在「金庭館」。故而桐柏山道教一直都很興盛，即便是在道教普遍衰落的清代，桐柏道教仍有發展。但到了乾隆四十九年（1784），一個名叫華光端德的僧人到此，改變了桐柏山的宗教生態，佛教逐漸興盛，開始佔據優勢地位。

端德和尚是四川寧遠府西昌縣（今德昌縣）紫薇山宗林寺長老，他當年去五臺山朝拜，返回時經過桐柏山太白頂，晚上大雪，想在太白頂道觀借宿，無奈太白頂四名道士不願接納。端德只好在門外打坐。第二天，道士發現端德並沒有凍僵，相反面色紅潤，周邊落雪都化為水，就認為他是得道的高僧，於是捨道入佛，拜端德為師。端德就由自己名號開始，定名派字輩為：「端圓常寂，了極融通，直傳海印，妙演心空，性觀普照，道顯祖風，真智本覺，達法明宗。」號派字輩為「華慧海雲，德法普浩，真如性體，清淨妙道，心含寶月，朗然潔皎，靈山一派，古今光耀。」給自己的四名弟子起名為「圓明慧照、圓真慧淨、圓智慧通、圓法慧定」，前兩個字為名，後兩個字為號。不久，端德帶圓智慧通、圓法慧定回了四川，留下圓明慧照守太白頂，後來形成「雲臺寺」；留下圓真慧淨守桃花洞，後來形成普化寺，自此佛教雲臺寺一支發展迅速，勢力逐漸超越道教，形成在河南甚至全國頗有影響的臨濟宗白雲禪系。

但令人不解的是，華光端德和尚在四川德昌縣宗林寺所傳卻是曹洞宗，他在宗林寺被稱為「華光海德」名字上也有一字之差，很難想像這是抄寫筆誤，因為乾隆時期距離我們並不遙遠，端德和尚的資料兩地都很多。一方面，四川那邊，端德的舍利塔也還在德昌縣，上面分明寫的「華光海德」；另一方面，河南這邊，端德所傳的字輩中有「海」字，所以他的名字中應該就不會再有「海」字，因為設立字輩就是為了不重複，所以端德的「端」字也不會有錯。因而我們估計，這是端德和尚有意而為。他應該是身祧兩宗，他有意把臨濟宗的法脈留在河南桐柏山，而把曹洞宗的法脈傳至四川德昌。

　　白雲禪系形成後，出現了一系列高僧，如同治年間，雲臺寺馬哈耐和尚曾作為主僧奉詔入宮為同治母親做佛事，並被賜予千佛袈裟和金鉤玉環，成為鎮寺之寶。20 世紀 30 年代，雲臺寺出身的法一法師和達法法師，分別在上海安國寺、北京無量寺弘法，時有「南法北達」之說。〔註1〕直妙法師，曾在九華山跟隨名僧普照、月霞學習華嚴經，所結之茅棚後來形成佛寺。真空和尚，被譽為當時開悟的宗師，享有盛名。體光法師，1924 年出生，親近過圓瑛、虛雲、來果等近代高僧，曾住雲居山真如寺三十多年，曾任東林寺、真如寺首座，禪宗祖庭吉安青原山淨居寺住持，2005 年圓寂，享年 81 歲，僧臘 62 夏。北京八大處靈光寺住持海圓法師，釋源祖庭白馬寺前任方丈海法、現任方丈印樂都是白雲禪系出身。改革開放後中國佛教協會送到斯里蘭卡讀書進修的「五比丘」，其中兩位都來自於白雲禪系。圓慈法師就是其中之一，他在斯里蘭卡拿了碩士學位後，又到英國拿了博士和博士後學位，最後回到中國佛學院任教。現在，桐柏山周邊，是河南地區產出僧人最集中的地區，僧人不僅遍布於全國，而且遍布於世界，以致有「太白佛裔遍天下」之說。

---

〔註 1〕政協桐柏縣學習文史委員會編：《佛道文化專輯》，《桐柏文史資料》第八輯，
　　　　第 150 頁。

# 第五十三章　北宋磚雕藝術的代表——
## 開封繁塔寺

　　繁塔是開封著名的宋代文化遺存，全國文物保護單位。改革開放以來，對繁塔的研究已經有一定的規模，有些方面已經比較深入。瞭解學界對於繁塔的研究狀況，有利於我們理解繁塔形態的變化與特點。總的來說，當前的研究主要分佈在歷史研究、佛教音樂、建築特色、造像藝術等四個方面。綜述如下：

　　一、繁塔的歷史研究：對繁塔歷史的研究，主要有兩個角度，其一是對繁塔歷史沿革的研究。代表性的成果有：河南大學魏千志的《繁塔春秋》〔註1〕是介紹繁塔歷史較早的成果，主要在繁塔的始建年代以及頂上小塔的年代考證方面有貢獻。他根據北宋《北道刊誤記》中的記載，認為繁塔始建於北宋開寶年間，批評了清人常茂徠的錯誤觀點，肯定了宋代繁塔九層已經建成九層的觀點。他並從明代《如夢錄》中記載繁塔「止遺三層，內空虛如天井」的記載，認定頂上小塔建於清代早期。這些觀點經歷了考古文獻的考驗，被1984年出土的碑誌資料所證實。但其過於相信傳說所謂「明初鏟王氣」的傳說，並不可取。張小建的《開封繁塔建造起因初探》〔註2〕，認為北宋初年的宰相沈倫與其子沈繼宗，為繁塔建造的實際發起人和推動者，很有見地。著作則有田蕭紅、黃勇《巍峨奇觀：開封繁塔》〔註3〕一書，對繁塔的歷史進行了更加詳細的考證，但基本觀點大體與魏千志一致，肯定了繁塔在宋代開寶七年開建，並且九

---

〔註1〕魏千志：《繁塔春秋》，《開封師範學院學報》，1978年第5期。
〔註2〕張小建：《開封繁塔建造起因初探》，《開封教育學院學報》2019年第3期。
〔註3〕田蕭紅，黃勇：《巍峨奇觀：開封繁塔》，開封：河南大學出版社，2003年。

層寶塔宋代已經建成的觀點，只是補充了新出土的考古資料。其二是對繁塔題記的研究。於光建、鄧文韜《開封宋代繁塔夏州李光文題刻考述》〔註4〕，根據西夏党項族上層人物李光文在繁塔內的供養題記，分析李光文在開寶七年至九年在開封活動的社會背景。李光文是對西夏党項定難軍的發展有著重要影響的人物。他與宋廷的交涉，既促使了李繼捧入朝納土，也激起了李繼遷的反叛建國，是一個改變了當時國際形勢的風雲人物。宋戰利《開封繁塔金代題記墨蹟考》〔註5〕，對金代禮部尚書趙秉文在繁塔的兩則題記進行了錄文和解讀，並結合歷史記載和趙秉文的其他詩作，對當時的社會背景進行了介紹。周峰《金代繁塔趙秉文墨書補考》，對與趙秉文一起登塔的文士進行了考證，介紹了梁陟、史仲謙、馮壁的基本情況，豐富了我們對趙秉文題記的認識。繁塔歷史的研究雖然有些不錯的成果，但對當時社會的佛教背景與繁塔之間的關係卻沒有關注。

　　二、繁塔與佛教音樂。對繁塔伎樂天造像的研究比較深入。趙為民《開封宋代繁塔伎樂磚析評》〔註6〕，對繁塔伎樂天手中的樂器進行了介紹和分析，認為此樂隊屬於宋初龜茲樂隊的編制特徵。他另在《試論蜀地音樂對宋初教坊樂之影響》〔註7〕中，認為唐代的四部樂，在唐代滅亡後，在前後蜀國仍然存在，北宋滅掉後蜀，從中選取樂工139人，占當時北宋樂坊樂工總數415人的約三分之一。可知蜀地樂工在當時屬於全國領先水平。他並對比了王建墓地出土的樂工所持樂器與繁塔上伎樂天所持樂器，發現兩者大體一致。在《值得珍視的宋代音樂文物——開封繁塔伎樂磚》〔註8〕中，趙為民進一步總結了繁塔龜茲樂隊的特點：其一，繁塔伎樂天所持樂器有九種使用了雙件，而《舊唐書》記載的龜茲樂器都是單件，蜀王建墓伎樂所持樂器只有個別是雙件，這使得樂隊具有了「雙管」編制的特徵。其二，繁塔樂隊樂器種類比之前代有所減少。《舊唐書》記載的龜茲樂器、王建墓石刻樂隊都有三種絃樂器，而繁塔樂隊只有曲項琵琶一種；然而卻增加了篳篥和笛子等管樂，使得整體風格更加熱烈奔

〔註4〕於光建，鄧文韜：《開封宋代繁塔夏州李光文題刻考述》，《石河子大學學報》，2016年第3期。

〔註5〕宋戰利：《開封繁塔金代題記墨蹟考》，《文物》2019年第5期。

〔註6〕趙為民，黃硯如：《開封宋代伎樂磚析評》，《河南大學學報》，1988年第4期。

〔註7〕趙為民：《試論蜀地音樂對宋初教坊樂之影響》，《音樂研究》，1992年第1期。

〔註8〕趙為民：《值得珍視的宋代音樂人物——開封繁塔伎樂磚》，《人民音樂》1993年第2期。

放和剛勁雄健。其三，繁塔樂隊民族類樂器增多，少數民族樂器減少。笙、排簫、拍板、靴（tao 撥浪鼓）都是傳統的華夏民族樂器。《舊唐書》記載的龜茲樂器、王建墓石刻樂隊樂器都沒有拍板和靴，笙和排簫也只有一件，而繁塔樂隊則增加了拍板和靴，笙與排簫也增加為兩件。與此同時，作為龜茲樂代表性的樂器五弦琵琶則被取消，可知龜茲樂在宋代也在不斷地演變之中，與漢民文化逐漸融合。秦方瑜、朱舟《試論王建墓樂舞石刻的藝術史價值》〔註9〕，也肯定了王建墓樂舞石刻是龜茲樂隊，並與之前的唐代龜茲樂隊、之後的繁塔磚雕樂隊進行了更加詳細的比較。尼樹仁、韓順發也對繁塔伎樂天進行了研究，多數是對樂器的分析和介紹，基本沒有超過趙為民論文的內容。

　　三、繁塔的造像藝術。學界對繁塔造像磚藝術的探討不是很多，但也有不少有創新的觀點。孫曉崗《開封繁塔「伴虎行腳僧圖」審美文化意義研究》〔註10〕中，對繁塔造像轉中行腳僧形象的來源和演變進行了研究，認為背竹簍，手持禪杖，頭頂傘蓋，傘蓋前掛一小燈，旁邊有老虎伴隨的行腳僧形象，並非之前認為的是「伏虎羅漢」，而是在表現取法高僧的姿容。作者認為這種求法高僧畫的流行，與唐代後期乃至宋代對高僧玄奘的聖化與神化有關。他考察了玄奘形象在唐代後期以後的各種變化，認為繁塔的「伴虎行腳僧圖」是後來經典的「玄奘取經圖」的前身，在中國佛教造像藝術上有一定地位。張煜佳的碩士論文《開封繁塔降龍、伏虎羅漢圖像學研究》〔註11〕，追溯了中國羅漢崇拜的淵源，認為隨著玄奘《大阿羅漢難提密多羅所說法住一記》的翻譯，十六羅漢崇拜逐漸興起，「難提密多羅」，漢譯「慶友」，就是降龍羅漢的原型；而「賓頭盧」則是伏虎羅漢。作者認為，「降龍」和「伏虎」羅漢的形象，並沒有直接的經典依據，都是根據經典的闡述延伸和想像出來的，反映了五代以後佛教造像的中國化、世俗化的傾向。繁塔降龍伏虎羅漢的形象，是目前能夠見到的最早的新樣羅漢形象，具有很高的藝術價值。作者實地考察了不少佛教相關遺跡，也提出了有創新的觀點。路合香《河南觀音圖像與信仰研究》〔註12〕對繁塔造像磚中的觀音造像進行了分析和介紹，但主題是對整個

〔註 9〕秦方瑜，朱舟：《試論王建墓樂舞石刻的藝術史價值》，《社會科學研究》，1994年第 2 期。

〔註10〕孫曉崗：《開封繁塔「伴虎行腳僧圖」審美文化意義研究》，《語文知識》，2013年第 3 期。

〔註11〕張煜佳：《開封繁塔降龍、伏虎羅漢圖像學研究》，鄭州大學 2017 年碩士論文。

〔註12〕路合香：《河南觀音圖像與信仰研究》，2014 年鄭州大學碩士論文。

河南的觀音信仰進行研究，對繁塔磚雕觀音造像的討論很少。王道霖《開封繁塔的建築裝飾藝術研究》〔註13〕，將繁塔造像分為佛部、菩薩部、羅漢部、伎樂部分別進行了介紹，並分析了信眾供養此類磚雕的心理需求，如祈福禳災保平安、長壽延命、求子納財等，有一定價值。總之，雖然繁塔造像藝術取得不少成果，但繁塔造像磚有七千塊左右，108種，在與經典結合方面，以及對各類造像藝術的細分方面還有較大的研究空白。

　　四、繁塔的建築特色。邱濤的《開封繁塔建築藝術形態研究》〔註14〕認為，繁塔具有以下一些特點：第一，從建築形態上看，繁塔是一座六面空心型的樓閣式佛塔。屬於由四面為主的唐塔向以六面為主的宋塔的過渡形態。第二，宋塔保留了三層，塔每層重簷，由重翹斗拱承托，下簷用臥磚疊澀收進，上簷頂部做平座，可行一人，宋代時期上簷配有圍欄。第三，現在塔高31.3米，由青磚砌成，外部的每塊磚上都有精美的佛像，共108種，7000餘尊。塔內還有178塊帶有題記的宋代碑石，其中有四幅石刻佛經。第四，繁塔底面積達500平米，相比於底面積僅僅84平米的開封鐵塔，可謂規模宏大。加上碑石記載其原有九層共240尺（約76米）的塔高，當是北宋時開封城的最高建築、巨型佛塔。第五，繁塔的內部結構複雜，在登臨方式上有新的創新性設計。一層有南北兩門，南門洞進深8.37米，室內寬敞，與第二層聯通，卻沒有樓梯，不能登塔。北門洞稍淺，東西兩側內外塔壁間有樓梯可以登樓，到了二層之後就沒有樓梯了，而是繞著塔外的重簷往上轉。第六，每一重簷下有一圍由海石榴或團龍團鳳圖案的造像磚作為裝飾。第七，繁塔在裝飾藝術上延續了唐塔的基本特徵，又增加了宋塔喜愛的仿木結構細節，比唐塔更顯得華麗，也更優雅細膩。建國後，建築專家孟新元曾考察繁塔，認為繁塔之上無拆毀的痕跡，推測是建造時財力不濟，所以草草建個小頂收尾，但他也承認不是肯定的結論。宋喜信著《開封宋代繁塔原型論》〔註15〕，他是一個搞古建的學者，繼承了孟新元的主張，力主宋代建成的繁塔就是現在的樣子。

　　總體而言，關於繁塔歷史和音樂藝術的研究比較深入，建築特色的研究也基本到位，造像藝術的研究還有挖掘的空間。但針對繁塔是個佛教的舍利塔這一屬性而言，這些關於歷史、音樂、藝術、建築的研究雖然重要，但終究都屬

〔註13〕王道霖：《開封繁塔的建築裝飾藝術研究》，2009年河南大學碩士論文。
〔註14〕邱濤：《開封繁塔建築藝術形態研究》，河南大學2013年碩士論文。
〔註15〕宋喜信：《開封宋代繁塔原型論》，鄭州：中州古籍出版社，2019年。

－522－

於外圍的研究。只有結合當時的社會背景，揭示出繁塔造像的經典依據，並對繁塔內部石刻佛經和造像題記進行深入的研究，才能揭示繁塔這一歷史遺存的獨特內涵。

繁塔石經包括《金剛經》和《心經》以及《佛說天請問經》與《大方廣圓覺修多羅了義經》四部石刻佛經，還有唐代宰相裴休歸納總結的《十善業道經要略》。其中，《金剛經》、《心經》、《大方廣圓覺修多羅了義經》是講智慧的；而《佛說天請問經》與《十善業道經要略》是講踐行的。從眾多佛經裏選擇了這五部經論刻在繁塔裏，說明了這些經論在宋京開封的流行程度。其中，《十善業道經要略》的作者裴休與開封頗有淵源。裴休自大中六年（852 年）八月起，「以本官同平章事」，在相位 5 年。大中十年（856 年），罷丞相職之後，歷任檢校戶部尚書、汴州刺史。《大方廣圓覺修多羅了義經》跟裴休也有些關係。裴休是宗密的弟子和朋友，而《大方廣圓覺修多羅了義經》正是經過圭峰宗密的弘揚而成為中華佛學名著的，圭峰宗密後被尊為華嚴五祖、禪宗十一祖。大中九年（855 年）十月十三日裴休為圭峰禪師宗密傳法碑撰文並書丹，成為保存至今的晚唐佛寺碑銘精品。而裴休在大中十年任汴州刺史期間，與圓紹禪師共同擴建雙林院（今開封封禪寺）。所以我們推測，繁塔石經中有兩部經都與裴休有交集，似乎與裴休在汴時期留下的影響有關聯。

繁塔磚雕，主要類型包括佛部；菩薩部；明王部；羅漢部；行腳僧等幾個大類。

## 一、佛部

繁塔磚雕佛部種類最多，出現了「人自在部，琉璃藏上勝佛，無滯礙智佛，娑伽羅佛，善解佛，虛空功德佛，大寶佛，彌留光佛，智施佛、清淨眾生佛、功德寶光明佛、菩提願佛、住勝智稱佛、見義佛、不壞精進佛、光幢佛、寶作佛、高幢雲佛、無量寶化光明佛、一切龍摩尼藏佛、香光明功德寶莊嚴佛、方天佛、高光明佛、火眾佛、決定惠佛、無邊光明佛、清淨功德、護一切佛、師子步佛、龍自在王佛、智光佛、法水清淨虛空界王佛、不斷慈一切眾生樂說佛、無量壽佛、華威德佛、大彌留佛、大吼佛、彌留王佛、龍自在佛、無量光明佛、普滿佛、趣菩提佛、清淨虛空界王佛、妙慧佛、因慧佛、破一切怖畏佛、清淨眼佛、性日佛、難勝佛、寶勝佛、法海潮功德王佛、師子佛、地自在佛、普句素摩勝奮迅功德積佛、波頭摩藏佛、寶天佛、寶幢佛、福德藏佛、日月佛、

得樂自在佛等很多種佛，大多數由於題記漫漶不能辨識。能辨識出的這些佛大都出自《佛說佛名經》，另外，還有天所敬佛、右稱悅佛、高循佛不知出處。佛的坐姿，既有結跏趺坐式，也有倚坐式；佛的手印，既有說法印，也有觸地印，均較為單一。還有一種佛結跏趺坐，雙手抱缽盂於腹前，缽盂裏有幾文錢，是佛的行乞狀，那個缽盂已經脫離了印度的式樣，變成中國式的大盤子。

## 二、菩薩部

繁塔磚雕菩薩部種類繁多，有觀音菩薩、文殊菩薩、彌勒菩薩、地藏菩薩四大菩薩。其中尤以觀音菩薩種類多。

### （一）觀音

筆者將收集整理的繁塔觀音磚雕進行分類，發現可以大致分為五類，分述如下：

#### 1. 破餓鬼道三毒之聖觀音造型

繁塔磚雕聖觀音

聖觀音也叫大慈觀音，據說是觀音在破「餓鬼道」三障時的顯化身。繁塔磚雕中的聖觀音數量較多。她頭後有頭光，身後有身光。頭戴寶冠，寶冠正中有一坐佛。寶冠左右兩側，各有一個飄帶飄揚。菩薩上身穿有三層，內衣只有窄袖口外露，外傳短襦，短襦袖口有花瓣形的較硬質地的褶 褐，袖子在肘關

節部收緊，讓花瓣形的褶襉如開花般的綻放。最外層的是如雲朵一樣圍在肩部的雲肩。菩薩眼睛微閉，神情莊嚴，雙手在胸前，手中拿著一朵小花，葉子和束花的緞布剛好擋住腹部。菩薩下身穿有稀疏的裙裳，光腳沒有穿鞋，結跏趺坐在蓮花臺上。繁塔造像轉是由信眾布施的，信眾布施的主要目的之一就是為逝去的先人拔除苦難，由於聖觀音破「餓鬼道」三障的職能，所以在繁塔造像磚中，聖觀音造像較多。

聖觀音主要出現在密教中，主要職能有二：一是在觀想中出現；二是作為護法安置在壇場。先說觀想時的情況：如《大毘盧遮那經廣大儀軌》卷 3 記載：「西北葉華座，觀𤚥字光輪，轉成聖者身，號名觀自在，色如紅頗梨，是名聖觀音。」〔註16〕《佛說不空罥索陀羅尼儀軌經》卷 2《祕密心密言品》：「觀四種：一觀觀音，二觀所印，三觀自身如聖觀音，四觀自心若圓明月光瑩透徹上圓行有母陀羅尼真言字，字字皆金色右旋行轉。是四種觀一時同觀。」〔註17〕《不空罥索神變真言經》卷 2《祕密心真言品》：「觀四種法：一觀觀音，二觀所印，三觀自身如聖觀音，四觀自心若圓明月，光瑩透徹，上圓行有，母陀羅尼，真言字字，字皆金色，右旋行轉，是四種觀，一時同觀。」〔註18〕

次說作為護法的情況：《頂輪王大曼荼羅灌頂儀軌》卷 1：「次第三院同第二界道東南角，供養菩薩（形服皆金色），次如意輪菩薩，繞發心轉法輪菩薩，八聖觀音菩薩，蓮華吉祥菩薩，蓮華孫陀利菩薩。」〔註19〕《攝無礙大悲心大陀羅尼經計一法中出無量義南方滿願補陀落海會五部諸尊等弘誓力方位及威儀形色執持三摩耶幟曼荼羅儀軌》卷 1：「北門西大聖觀音，頂上大寶冠，身相白肉色，慈悲救世間，左定鮮蓮花，右慧施無畏，嚴身如上說。」〔註20〕

對照經典可知，聖觀音在經典中頭戴「大寶冠」，手中應拿的是「鮮蓮花」，而面色則是「如紅頗梨」，身色是「白肉色」。所以，繁塔磚雕中菩薩手中所拿的應該是「鮮蓮花」，這個與經典一致，但身色卻是青色，與經典並不一致。

〔註16〕（唐）善無畏譯：《大毘盧遮那經廣大儀軌》，《大正藏》第 18 冊，第 107 頁上。
〔註17〕（唐）阿目佉譯：《佛說不空罥索陀羅尼儀軌經》，《大正藏》第 20 冊，第 438 頁下。
〔註18〕（唐）菩提流志譯：《不空罥索神變真言經》，《大正藏》第 20 冊，第 235 頁下。
〔註19〕（唐）辯弘集：《頂輪王大曼荼羅灌頂儀軌》，《大正藏》第 19 冊，第 328 頁中。
〔註20〕（唐）不空譯：攝無礙大悲心大陀羅尼經計一法中出無量義南方滿願補陀落海會五部諸尊等弘誓力方位及威儀形色執持三摩耶幟曼荼羅儀軌》，《大正藏》第 20 冊，第 135 頁下。

## 2. 破天道三毒之如意輪觀音造型

也叫大梵深遠觀音，因為觀音在破天道三毒時常入「如意寶珠三昧」，如意說法，救助眾生，給予世間、出世間利益，故常謂之「如意輪觀音」，是觀音菩薩破「天道」三障時的顯化身，如意輪觀音常為六臂的金身像，一手呈現出思維狀，其餘五手分別持如意寶珠、念珠、蓮花、輪寶、大山等，象徵悲憫眾生，救渡眾生、解除煩惱，破滅外道的誘惑等功能。

**繁塔磚雕如意輪觀音**

如意輪觀音的特徵為手中拿有一個法輪（也稱輪寶）。

《攝無礙大悲心大陀羅尼經計一法中出無量義南方滿願補陀落海會五部諸尊等弘誓力方位及威儀形色執持三摩耶幟曼荼羅儀軌》卷 1：「次如意輪觀音：微妙大寶冠，頂上住佛身，一面愍念相，身相淺黃色，六臂兩足體，左定按門山，左理執蓮花左定持金寶，右慧思惟相，右智如意寶，右慧持數珠，被鬘妙瓔珞，袈裟天衣裳，圓光蓮花色，安住大蓮花，仰左跏趺右。」〔註21〕

如意輪觀音在繁塔磚雕中只出現了一例，對照經典，她頭戴微妙大寶冠，寶冠上有坐佛，面呈現悲愍相，手拿輪寶，這些都與經典相同，但手臂卻不是六臂而是四臂，且沒有坐蓮花，與經典也不完全相符。

---

〔註21〕 （唐）不空譯：《攝無礙大悲心大陀羅尼經計一法中出無量義南方滿願補陀落海會五部諸尊等弘誓力方位及威儀形色執持三摩耶幟曼荼羅儀軌》，《大正藏》第 20 冊，第 131 頁上。

### 3. 破人道三毒之十二臂準提觀音造型

準提觀音是民間的稱謂，佛典中的正式名稱是「七俱胝佛母」，因其有準提大明咒而得名準提觀音，準提觀音漢譯有準胝菩薩、準提佛母、七俱胝佛母等名。準提觀音在禪宗裏叫天人丈夫觀音，是觀音菩薩在破「人道」三毒時的隨緣顯化身，一般為三隻眼睛，十八個臂膀，三隻眼睛分別代表「惑、業、苦」，手持蓮花、寶劍、念珠、寶杵、花鬘、淨瓶、罥索、海螺、梵篋等，表示能摧毀眾生的惑業，滿足人們延長壽命、消災、神通、往生等願望。準提觀音有二、四、六、八、十、十二、十八、三十二、八十四臂之不同法相，由信者祈願目的的不同而觀想不同的形象。唐金剛智譯《佛說七俱胝佛母準提大明陀羅尼經》記載：「若求不二法門者，當觀兩臂；若求八聖道當觀八臂；若求十波羅蜜圓滿十地者，應觀十臂；若求如來普遍廣地者，應觀十二臂；若求十八不共法者，應觀十八臂……；若求三十二相，當觀三十二臂；若求八萬四千法門者，應觀八十四臂。」〔註22〕

**繁塔磚雕準提觀音**

同經有七俱胝佛母準提畫像法：「其像作黃白色，種種莊嚴其身。腰下著白衣，衣上有花。又身著輕羅綽袖天衣，以綬帶繫腰，朝霞絡身。其手腕以白螺為釧，其臂上釧七寶莊嚴。一一手上著指環，都十八臂面有三目。上二手作

---

〔註22〕（唐）金剛智譯：《佛說七俱胝佛母準提大明陀羅尼經》，《大正藏》第20冊，第177頁下。

說法相；右第二手施無畏；第三手把劍；第四手把數珠；第五手把微若布羅迦果（漢言子滿果，此間無，西國有）；第六手把鉞斧；第七手把鉤；第八手把跋折羅。第九手把寶鬘。左第二手把如意寶幢。第三手把蓮花。第四手把澡灌。第五手把索。第六手把輪。第七手把螺。第八手把賢瓶。第九手把般若波羅蜜經夾。」〔註23〕

經典中說，準提觀音象形作黃白色，種種莊嚴其身。面有三目，為十八臂，手作說法相、施無畏、把劍、把數珠、把鉞斧、如意寶幢、金剛杵、鉤子、輪寶及般若波羅蜜經篋等。下面畫水池安蓮花，難陀、拔難陀二龍王扶蓮花莖，周圍安明光焰。所以我們常見的準提像常為十八臂形象。

對照經典所述，繁塔磚雕的準提觀音手中的寶劍、金剛杵、胃索等與經典闡述一致，但手中舉日月、弓箭、手印等與經典不符，尤其是繁塔磚雕準提觀音為十二臂，而非最為經典的十八臂。

準提菩薩為顯密佛教徒所知的大菩薩。在中國佛教徒的心目中，準提菩薩是一位感應甚強、對崇敬者至為關懷的大菩薩，更是三世諸佛之母，他的福德智慧無量，功德廣大、感應至深，滿足眾生世間、出世間的願望，無微不至的守護眾生。

在《準提陀羅尼經》中記載，佛陀為了度化未來的薄福惡業眾生，所以入於準提三摩地，宣說過去七俱胝佛所說的準提咒。被稱為「神咒之王」的準提神咒，其加持威力不可思議，它的感應甚為疾速與強大，持誦者可祈求聰明智慧，辯論勝利、夫婦相互敬愛、使他人生起敬愛、增進人際關係、求得子嗣、延長壽命、治療疾病、滅除罪業、祈求降雨、脫離拘禁以及遠離惡鬼、惡賊之難等等，種種的祈願，無不滿足。修學準提咒並沒有任何限制，不分任何身份者，都可以修學誦持的，依此也可看出準提觀音的慈悲。

### 4. 楊柳觀音

「觀音菩薩妙難酬，清淨莊嚴累劫修。三十二應周塵剎，百千萬劫化閻浮。瓶中甘露常遍灑，手內楊柳不計秋。千處祈求千處應，苦海常作度人舟。」此一《觀音贊偈》，是中國佛教信徒婦孺皆知的名句。文中的「三十二應」指的是觀音菩薩的三十二個應身，即變化身。加上聖觀音的本身，就是三十三身觀音。楊柳觀音是三十三觀音之一，也就是觀音的應化身，又稱藥王觀音。左手

---

〔註23〕（唐）金剛智譯：《佛說七俱胝佛母準提大明陀羅尼經》，《大正藏》第20冊，第178頁中。

持寶瓶，右手持楊柳枝，結跏趺坐於蓮花寶座上。若修楊柳枝藥法，可消除身上之眾病。

**繁塔磚雕楊柳觀音**

## 5. 水月觀音

　　大約唐代中期，中國出現了水月觀音的畫像。《歷代名畫記》記載，中唐的畫家周昉「妙創水月之體。」〔註24〕《歷代名畫記》記載：「（長安勝光寺）塔東南院，周昉畫水月觀自在菩薩掩障，菩薩圓光及竹，並是劉整成色。」〔註25〕此像一出，立刻被許多信眾接受。《文苑英華》記載，白居易曾寫有《畫水月觀音贊》：「畫水月菩薩贊，周昉畫：淨綠水上，虛白光中，一睹其相，萬緣皆空。弟子居易，誓心皈依，生生劫劫，長為我師。」〔註26〕

　　水月觀音並沒有坐禪，也沒有施手印，很放鬆愜意地在月光下觀水。這種不受任何限制與約束的姿態顯得隨意而自然。月光、水色，這種自然而然卻若有所思的形象，正是中國傳統審美的要求，裏面透著老子的哲理與莊子的灑脫。這是文人士大夫所向往的生活樣態，也是中國化、禪宗化的觀音形象。

〔註24〕（唐）張彥遠：《歷代名畫記》，秦仲文、黃苗子點校，北京：人民美術出版社，1963 年，第 201 頁。

〔註25〕（唐）張彥遠：《歷代名畫記》，秦仲文、黃苗子點校，北京：人民美術出版社，1963 年，第 62 頁。

〔註26〕（宋）李昉等編：《文苑英華》，影印本，北京：中華書局，1966 年，第 4137 頁。

繁塔磚雕水月觀音

宋代及以後，水月觀音像非常普及。《太平廣記》記載：「今上都有觀自在菩薩，時人云：水月。」〔註27〕莫高窟、榆林窟、東千佛洞的敦煌壁畫中，以及延安、杭州、大足等石窟中都出現了水月觀音像。繁塔磚雕中的水月觀音，屬於中國現存較早的造型，遊戲坐，左手支在地面，右手搭在右膝。

綜上所述，繁塔磚雕中的觀音造像，有些有直接的經典依據，但也不都與經典相符，有些特點是根據經典的闡述延伸和想像出來的，反映了五代以後佛教造像的中國化、民間化、世俗化的傾向。

（二）文殊

文殊菩薩表徵般若智慧，稱「大智」。文殊信仰傳到中國後，儘管名氣稍遜於觀音，但在佛教教義體系中的地位一直是在觀音之上的。其道場五臺山被尊為「金色世界」，也比峨眉山「銀色世界」、普陀山「琉璃世界」、九華山「蓮花世界」要尊貴些。在中國漢地，四大菩薩中，文殊菩薩的道場形成最早，唐代前期已經基本形成。

〔註27〕（宋）李昉等編：《太平廣記》，北京：中華書局，1961 年，第 1632 頁。

繁塔磚雕文殊觀音

　　繁塔磚雕中的文殊菩薩，頭戴寶冠，肩披雲肩，手拿如意，結跏趺坐於蓮花寶座上。文殊菩薩表徵的就是佛教智慧，這是一種與凡間智慧不同的，教導信眾認識到現象界局限性與偶然性、從而轉向永恆性與必然性的甚深智慧。這種智慧要求人們認識到自己原來所追求的財色地位原來都是「空」，甚至于連自己的肉身也屬於緣散緣滅的現象界，是無法永恆也不值得執著的。只有認識到了這一點，才能放下自己對財色地位的執著，獲得內心的安寧與平靜。放下對人生的執著以後，生活還要繼續，佛陀還要告訴信眾什麼是正確的世界觀和人生觀，包括人的本質與命運、苦難與幸福的真諦、人生的價值和意義，生活的倫理與戒律等等這些佛教理論都是由文殊來表徵的。樹立正確的認識，是佛教一切修行的開始。所以佛教界才將表智慧的文殊菩薩稱為「諸佛之母」、「七佛之師」。

## （三）地藏菩薩

　　除了文殊的智慧和觀音的悲心外，還需要有堅強的意志與信念與勇氣。而這些，是由地藏菩薩來表徵的。「我不下地獄，誰下地獄！」「地獄不空，我不成佛！」這些為人熟知的誓言，每次想起都覺得鏗鏘有力，震撼人心。令人想起勇氣、信心、意志、信念這些東西，它們是一個人生命力的集中體現。一個徒有思想而沒有意志和信念的人是不能成事的。一個人智商再高，沒有強烈的

意志和信念、信心，終究會一事無成。地藏菩薩在印度和西藏的影響力和知名度都排不到前四，而漢人卻選擇了他為四大菩薩之一，其原因正是因為地藏菩薩所發的誓言與願力與中國文化所倡導的基本精神是相符的。繁塔磚雕中的地藏菩薩，呈現出家比丘像，有兩種造型，第一種如圖中所述，結跏趺坐，左手持摩尼寶珠，右手施說法印，雙手均在胸前；第二種也是結跏趺坐，比丘相，右手持摩尼寶珠，舉到肩部位置，左手施說法印於胸前。

繁塔磚雕地藏菩薩

## （四）彌勒菩薩（慈氏菩薩）

從當前的果位看，彌勒尚未成佛，故應稱彌勒菩薩，因號「大慈」，故也稱「慈氏菩薩」。彌勒是釋迦佛親自授計的未來佛，決定要繼承釋迦佛的位子的，故按照中國人的習慣也常稱他為彌勒佛。據《彌勒所問本願經》記載，彌勒是比釋迦佛資格更老的修行者，據說因為他專注於智慧，不修邊幅、「不做禪定，不斷煩惱」，所以釋迦牟尼反而提前成佛，但彌勒緊隨其後，成為了候補佛，據說，釋迦佛在世時，彌勒在釋迦佛的弟子中並不突出，別說當時赫赫有名的十大弟子了，連常隨佛的一千二百五十個比丘都不是，由於彌勒喜愛從事社會活動，故沒有證得阿羅漢果位，然而釋迦佛卻親自為彌勒授記，證明他的候補佛地位，當時在場的優婆離尊者很是不服，佛就解釋說，彌勒

雖不修禪定，不斷煩惱，但他不是不能，而是不願，因為他有「大慈」之心，「慈」者，「和善也」，彌勒心腸極好，樂於度人，為了眾生而深發菩提心，修大乘菩薩道，不願進入涅槃，故而號稱「大慈」。《阿含經》云，佛預言，未來人壽命八萬歲時，將有彌勒佛出世，將說妙法，度無量眾生。據《彌勒下生經》記載，彌勒菩薩經五十六億七千萬年的修行之後，將於第十之滅劫，繼承釋迦佛的佛位，在「穰結轉輪聖王國」華林園的一棵龍華樹下成佛。屆時諸天等眾生將向彌勒佛頭面禮足，合掌請求說法，而彌勒佛將「默然受請，初轉法輪」。初轉法輪後，將有九十六億人三明六通，得八解脫，證阿羅漢果位；有三十六萬天子、二十萬天女證得無上正等正覺。彌勒二轉法輪，說四諦十二因緣，有九十六億人得阿羅漢；彌勒三轉法輪，將有九十二億人得阿羅漢果位，有三十四億天龍八部發三菩提心；這就是有名的「彌勒三會」，也叫「龍華三會」。

### 繁塔磚雕彌勒菩薩

由於彌勒菩薩不斷煩惱，故現居住於欲界之兜率天，據說將要將要上升為佛的菩薩就要居住於此，釋迦佛的母親摩訶摩耶死後就受生於此。

印度的無著大師曾於禪定中進入兜率天，聽彌勒菩薩講《瑜伽師地論》一百卷，開創了印度的瑜珈行派，興盛一時。我國著名僧人道安、玄奘、窺基都祈求死後升入彌勒菩薩的兜率天，玄奘大師臨終時據說已證得自己升入兜率天。

## （五）解冤結菩薩

繁塔磚雕六臂觀音

解冤結菩薩六臂代表六度波羅蜜，又表大士無畏，有降魔之意。繁塔磚雕解冤結菩薩，頭戴大寶冠，冠中有坐佛，主臂左手持嘎巴拉碗，右手拿柳枝，柳枝向後垂；中間兩臂左手拿罥索，右手拿寶劍，上面二臂高舉日月。

## （六）未知名菩薩

繁塔磚雕四臂觀音

　　繁塔磚雕中有一種菩薩，造型優美，但可能不是四臂觀音，題記中表明是某種菩薩，但字跡漫漶，不能識讀。她一頭四臂，身色潔白如月，黑髮結頂髻，頭戴花蔓寶冠，中間飾以佛坐像，著大環耳飾、項飾、胸飾、手鐲、腳釧等珠寶八飾，面相豐滿，柳葉細眉微微彎曲，雙目微閉，自然下視，小口緊閉，表情呈慈悲像。主臂一手拿寶劍，一手拿印契；另外兩手高舉日月，以菩薩慧眼凝視眾生，凡被其觀者據說盡得解脫。菩薩身著雙領下垂式天衣，上衣下擺從後向前反搭在肩上，衣擺搭在胸前，帔巾飄在腰部兩側，結跏趺坐於蓮花月輪上。

　　該菩薩的造型皆有所象徵，一頭表通達法性，四臂表四無量心，身白色表清潔無垢，不為煩惱、所知二障所障。發黑色表不染，五色天衣表五方佛，雙跏趺表不住生死。

## 三、羅漢部

　　羅漢是小乘佛教信眾追求的最高果位。羅漢已經脫離生死，不再輪迴。羅漢在中國有十大羅漢、十六羅漢、十八羅漢、五百羅漢之說。在清朝時定型的降龍羅漢、伏虎羅漢在北宋的繁塔磚雕中均已經有原型。

**繁塔磚雕羅漢像**

　　但是，不管是十六羅漢、十八羅漢、五百羅漢，在印度均沒有確定的稱謂和形象，但在中國卻有了確定的名字和形象。這是因為，北宋時期，隨著商品經濟的發展，市民階層興起，新的階層和意識需要一種平易近人的神聖形象；

而禪宗在北宋時進入空前普及的爛熟狀態，引起朝野喜愛、關注和支持。禪宗的價值取向是去神聖化與生活化，這就需要一種生活在身邊的神聖。出家人作為俗世生活中與神聖最為接近的群體，其中的個別人據傳有神通而被神聖化，而他們的形象與羅漢最為接近。同時，相比而言，佛階位太高，菩薩珠光寶氣，地位非凡，天王威風凜凜，護法怪模怪樣，似乎都不適合充當這個與人們生活在一起的神聖角色。這樣，就出現了一個讓人不可思議的現象：信奉大乘佛教的中國，卻煞費苦心地為十六羅漢、十八羅漢、五百羅漢定名，確定形象的現象。

## 四、明王部

繁塔磚雕明王像

明王是密教主推的崇拜對象。按照密宗的說法，其地位和法力甚至比菩薩更高。密教是和「顯教」相對而言的，「顯教」即由釋迦牟尼佛所說之教，包括一般我們所說的「小乘佛教」和「大乘佛教」，它們都以「經、律、論」為公開宣講內容。而密教則宣稱自己傳承的是法身佛「大日如來」的深奧秘密教旨，為最「真實」的言教，並傳說大日如來將其密法傳授給了金剛薩埵，金剛薩埵將之鎖在了南印度的鐵塔中，內有眾神護佑，無人能夠打開鐵鎖，只有在佛法不顯時，才能擇人而傳。相對於顯教重視「體悟」而言，密教更重視修持。顯教的經典主要是經、律、論，而密教則除了經律論以外，還有頌、贊、法、咒、儀軌、瑜伽、契印等，顯教有「行、坐、住、臥」四威儀；密教除此之外，

尚需「觀想」，顯教學習比較自由，而密教的學習則必須隨師傅傳授、遵守嚴格儀軌、從初皈依灌頂到金剛上師，都由一定的修習次第，不可越等強求。「持明」就是持咒的意思，密宗稱自己為金剛乘，是為了和小乘的羅漢乘、大乘的菩薩乘相區別，因為金剛具有無堅不摧的品質，象徵信奉密教，可以得到諸位佛菩薩的加持，就可以滅除一切心魔，開發出本有的菩提真心，就可以「即身成佛」。

明王主要表現為青面獠牙的忿怒相，手持兵刃、法器，非常兇惡。明王據說是佛、菩薩受到大毗盧遮那如來的教令，降服魔眾時的形象。

十大明王為：1.馬頭明王，觀音菩薩顯化；2.降三世明王，金剛手菩薩顯化；3、忿怒明王，除蓋障菩薩顯化；4.大威德明王，金輪熾盛光佛顯化；5.火頭明王，盧舍那佛顯化；6、穢跡明王，釋迦牟尼佛顯化。7.大笑明王，虛空藏菩薩顯化。8.無能勝明王，地藏菩薩顯化。9.大輪明王，慈氏（即彌勒）菩薩顯化；10、步擲明王，普賢菩薩顯化。

繁塔磚雕中的明王形象都一樣，其形象是右手持劍，結跏趺坐，獠牙外露，背後火焰飛騰，一般認為是不動明王的形象。不動明王據說具有在遇到任何困難的時候，均能掃除障難，並不為動搖之意。不動明王顯現憤怒像，使侵擾眾生之邪魔畏懼而遠離，使眾生於修行路上不致動搖善念菩提心。

## 五、樂伎天

繁塔磚雕樂伎天象

　　佛陀講法，有別於教師講課。佛在講法時，常有飛天在空中散花供養，樂伎在下面奏樂伴奏。讀過佛經的人都知道，佛經正文本來就是邊講邊唱，所唱者就是「偈文」。我們國家歷史上的「俗講」和現在的「大鼓說書」的形式都是從此而來。尤其值得注意的是，中國音樂曾經深受來自西域的龜茲樂的影響。趙為民先生的論文已經揭示了，從唐代宮廷音樂「九部樂」中的龜茲樂，到五代後蜀音樂，再到繁塔音樂一脈相承而有變化，中國元素在不斷增加。繁塔樂伎磚雕在中國音樂史上有重要地位。

# 六、行腳僧

繁塔磚雕明王像

　　《佛頂尊勝陀羅尼經》因為據說有「將亡靈拔出地獄」的特殊職能，在唐宋元三代非常流行。它是由天竺僧佛陀波利在唐高宗時期據說在朝拜五臺山時，受到文殊菩薩的點化而返歸印度取回到大唐的。由於唐代五臺山文殊信仰已經興起，佛陀波利又與五臺山有這麼深厚的關係，佛陀波利作為西來的行腳僧的形象就這麼確定了下來，經常出現在文殊變相裏。另外，玄奘西天取經故事也廣為流傳，玄奘作為著名的行腳僧，他與「猴行者」一同去西天取經的故事也很流行。根據對稱的原則，與文殊變相相對的普賢變相裏，也出現了玄奘與「猴行者」西天取經的圖像。〔註28〕其中還有一個背景，那就是，當時的宋

〔註28〕孫曉崗：《開封繁塔「伴虎行腳僧圖」審美文化意義研究》，《語文知識》，2013年第3期。

朝，在與大遼的對峙中處於守勢，隨著楊業戰死，五臺山地區已經淪陷。大遼國利用五臺山的神聖地位，不斷製造祥瑞，給大宋造成極大心理壓力。為了能夠在輿論戰中取得平衡，北宋朝廷開始有意識地提高普賢菩薩和峨眉山的地位，與文殊平等的普賢信仰，在宋代得到了充分的發展，但這一點在繁塔磚雕中卻沒有能夠體現出來。藝術活動經常是慢於實際生活的。

繁塔磚雕中的行腳僧，深目高鼻，旁邊跟隨著一獸，孫曉崗認為是虎，但看著也不大象，究竟是什麼獸，可以留待以後再討論，筆者看更像是狗。這個行腳僧可能即是從印度取回《佛頂尊勝陀羅尼經》的佛陀波利。

總之，我們認為，繁塔寺又稱天清寺，始建於五代後周時期，繁塔始建於北宋開寶七年，宋代繁塔已經建成九層，但在以後上層逐漸崩壞，元代人的記載中已經是「塔半摧」只剩下一半，明代又有損毀，只剩下三層，明周藩王府曾多次維修，清代早期用掉下來收集的繁塔磚在上面補充了小頂，就成了現在的模樣。

# 第五十四章　律宗祖庭——洛陽吉利 萬佛山石窟寺

　　洪遵法師是北朝著名的律師，他曾被北齊皇帝封為「斷事沙門」，隋代又為進京入住大興善寺的「六大德」之一，在佛教史上有很高的歷史地位。然而，目前學界對於洪遵的研究很少，只有王建光在其《中國律宗史》中有幾段文字分析，大體是對《續高僧傳》中本傳的介紹。他最後評價稱，洪遵到關中之前，關中僧眾僅持奉《僧祇律》，經過洪遵的努力，《四分律》在關中才闡揚開來，《僧祇律》逐漸絕跡，關中律學為之一變。[註1] 這個評價當然很高。如此重要的一個人物，由於《續高僧傳》對其介紹重在後期，其早年的生平事蹟非常簡略。筆者擬結合僧傳資料與田野發現，重新認識洪遵法師的早年經歷。

## 一、洪遵法師的早期經歷

　　《續高僧傳·隋西京大興善寺釋洪遵傳》記載，洪遵俗姓時，相州（今安陽地區）人，隋大業四年（公元 608 年）五月十九日卒於長安大興善寺，春秋七十有九。以此推之，他應該出生於北魏永安三年（公元 530 年）。在他出生前兩年的建義元年（公元 528 年），隨著魏孝明帝的暴斃，并州軍閥尒朱榮率兵進入洛陽，誅殺胡太后及大臣二千多人，史稱「河陰之變」，天下已成鼎沸之勢。而後北魏分裂，東魏遷都鄴城，洛陽的高僧也大都移到鄴城。洪遵從記事開始，就是生活在東魏的京畿地區這一佛學研究的中心地區。洪遵八歲出家，時在東魏元象二年（公元 538 年）。

---

〔註 1〕王建光：《中國律宗史》，南京：鳳凰出版社，2008 年，178～179 頁。

　　《續高僧傳》記載洪遵「及受具後，專學律部」。〔註2〕那麼他是按何種戒律受的具足戒呢？我們認為是按照《四分律》。慧光律師在東魏遷都鄴城後，即在鄴城地區弘傳《四分律》，傳有十大弟子，影響很大。唐代道宣曾評論說：「自正道東指，弘匠於世，則以道安為言初；緇素革風，廣位聲教，則慧光抑其次矣。」〔註3〕認為佛教東來後，第一個使佛教在中國打開局面的大匠是道安；使得僧眾受到戒律約束，從而為世人所尊重的是慧光。按照師承，洪遵應為慧光的徒孫，所以洪遵所受的具足戒，可以肯定就是《四分律》中所規定的具足戒。根據《四分律》，僧人受具足戒的最低年齡是20歲。《四分律·受戒揵度之四》解釋了為何定為20歲。說有一次，佛在羅閱城迦蘭陀竹園裏，碰到一名叫優波離的童子，想要出家，眾僧見到其父母也同意其出家，便為其授了具足戒。結果到了晚上，優波離半夜鬧著要吃的，若要給他食物，就會違反以前所定的僧人共食的戒律。因而佛告阿難：「不應授年未滿二十者具足戒。何以故？若年未滿二十，不堪忍寒熱、饑渴、風雨、蚊虻、毒蟲，及不忍惡言，若身有種種苦痛不堪忍，又不堪持戒及一食，若度令出家受具足戒者，當如法治。阿難當知，年滿二十者，堪忍如上眾事。」〔註4〕

　　之所以不厭其煩地探討《四分律》中關於受具足戒年齡的規定，是因為這個時間對於推定洪遵以後的活動很重要。《續高僧傳》記載洪遵「及受具後，專學律部」。〔註5〕也就說，他是在20歲以後認識到戒律是出家基址，這才辭去親友，遊方學習，幾次出入鄴城，「三夏將滿，遂知大旨。」這時他已經23歲，其時當為北齊天保四年（公元553年）。

　　然後，洪遵到了嵩山少林寺，依資「雲公」。這裡的「雲公」，是慧光的十大弟子之一的道雲。《續高僧傳·慧光傳》中對其有介紹：「學士道雲，早依師稟，奉光遺令，專弘律部。」〔註6〕可知道雲很早就跟隨慧光學習，慧光奄化之前曾遺令他專門弘揚律部。他曾造疏九卷，培養出很多弟子，聲名遠播。當時有「雲公頭，暉公尾，洪理中間著」〔註7〕的諺語流傳。年輕的洪遵要訪問

---

〔註2〕（唐）道宣撰，郭紹林點校：《續高僧傳》，北京：中華書局，2014年，839頁。

〔註3〕（唐）道宣撰，郭紹林點校：《續高僧傳》，北京：中華書局，2014年，823頁。

〔註4〕（姚秦罽賓）佛陀耶舍，竺佛念等譯：《四分律》//《大正藏》第22冊，第808頁。

〔註5〕（唐）道宣撰，郭紹林點校：《續高僧傳》，北京：中華書局，2014年，839頁。

〔註6〕（唐）道宣撰，郭紹林點校：《續高僧傳》，北京：中華書局，2014年，823頁。

〔註7〕（唐）道宣撰，郭紹林點校：《續高僧傳》，北京：中華書局，2014年，823～824頁。

名師，自然要去找道雲律師。依《洪遵傳》，則當時道雲法師住在嵩山少林寺，洪遵在少林寺跟隨道云「開胸律要」，同時學習華嚴、大論，「扣其關戶，渙然大明。」然後再去慧光的另一個弟子，有著「暉公尾」之稱的道暉那裏學習。《續高僧傳‧慧光傳》裏說道暉「連衡雲席，情智傲岸，不守方隅，略雲所制以為七卷，間以意會，牒度推焉。」〔註8〕《洪遵傳》中說洪遵到了道暉那裏後，看到「聽徒五百，多以巧媚自通，復講豎論，了無命及」，評價不高。認為道暉雖是律學名家，「而智或先嗇」，「嗇」是嗇之意思，意指道暉授徒極其吝嗇，故其弟子才「多以巧媚自通」，導致「異學充堂」。但是同樣是這個道暉，在《慧光傳》中則說其「情智傲岸，不守方隅」「間以意會」。可見，洪遵對道暉的評價並不公允，但洪遵對道暉不滿是肯定的，他的做法是，將道暉的七卷疏文捆好，放到座位上，明確告訴道暉：「服膺有日，都未見知。」然後又回到了少林寺道雲那裏。王建光說洪遵在道暉那裏「不久即獨能入室，臻其堂奧，從五百門徒中脫穎而出」，〔註9〕可能解讀有誤。道雲看到洪遵「捨見來降」，當即讓他登座講法，「眾仰如山」。從道雲對洪遵前後的安排看，他在少林寺頗有權勢，極有可能為寺主，這倒可以填補少林寺在北齊初期的一點空白。洪遵認識到戒律相關知識與其他義學有相關聯之處，於是在少林寺重聽大論與毗曇，「開沃津奧」。然後「又以心使未靜」，到禪林修習禪定，時間超過十年。

僧傳沒有講洪遵在少林寺學法以及在道暉那裏學法的時間長短。從他第一次在少林寺學習律法、華嚴、大論等諸多內容看，少說也得二年到三年。而在道暉那裏，既然說「服膺有日」，怎麼說也得半年到一年。第二次在少林寺學習大論與毗曇與大論的時間，估計也得一到二年。如果這個估計準確，那麼洪遵去禪林修習禪定的時間，最早也在北齊天保六年（公元557年），這是時間的上限。他在禪林學習禪定十年，則其被齊主提用的時間，最早也在高緯天統三年（公元567年），高緯一直執政到隆化元年（公元576年）。所以，可以肯定，提用洪遵為「斷事沙門」的「齊主」，肯定是北齊後主高緯。

北齊後主高緯，荒淫無道，在位後期，誅殺丞相斛律光、蘭陵王高長恭，自毀長城，國家已成魚爛之勢。洪遵在這樣的國家中擔任職務，心中自然是不安的，「常與慧遠等名僧通宵造晝」，〔註10〕就不難理解了。隆化元年（公元

---

〔註8〕（唐）道宣撰，郭紹林點校：《續高僧傳》，北京：中華書局，2014年，823頁。

〔註9〕王建光：《中國律宗史》，南京：鳳凰出版社，2008年，178頁。

〔註10〕（唐）道宣撰，郭紹林點校：《續高僧傳》，北京：中華書局，2014年，840頁。

576）北周滅北齊，滅佛政策蔓延到齊地，洪遵被迫隱於白鹿岩。這個「白鹿岩」究竟在何處？我們認為，就是今輝縣白鹿山。因為隋初文帝徵請「洛陽慧遠、魏郡慧藏、清河僧休、濟陽寶鎮、汲郡洪遵和太原曇遷」〔註11〕等六大德到大興城（長安），在這裡洪遵被稱為「汲郡洪遵」。洪遵是相州人，並非汲郡，所以「汲郡洪遵」的說法並非指其家鄉，而應該指的是當時他的隱居地。北魏酈道元在《水經注》（卷九‧清水、沁水、淇水、蕩水、洹水）中記載：「清水出河內修武縣之北黑山。黑山在縣北白鹿山東，清水所出也。」〔註12〕今輝縣白鹿山玄極寺保留有一塊北齊時期的殘碑，碑右側明確記載「白鹿山玄極寺……」的字樣，落款是「大齊河清四年四月八日□□邑人敬造。」〔註13〕證明白鹿山今天確實屬於輝縣薄壁鎮管轄。白鹿山也稱白鹿岩，《太平御覽》卷四十里載：「登滑臺城西南，望太行山，白鹿岩、王莽嶺冠於眾山之表。」〔註14〕據《水經注》記載，白鹿山附近有傳說是西晉竹林七賢隱居的「七賢祠」以及「嵇康故居」，〔註15〕為河南著名的隱居地。而洪遵被齊主擢用之前，他禪修十年的地點洛陽萬佛山，則是下文討論的重點。

## 二、萬佛山石窟的斷代問題

洪遵被隋文帝徵請到長安大興城的大興善寺，在長安弘揚《四分律》，以及受文帝詔令到衛州和博州送舍利之事，學界研究已經很充分，本文不待多說。但洪遵早年離開少林寺，到禪林修習禪定的十年，其地點究竟在哪裏？筆者卻有新的發現。近日，筆者前往洛陽市吉利區萬佛山石窟進行考察時，在最西側的「神遊洞」內發現了一幅禮佛圖，最前面的引領僧旁一則題記：「石窟主比丘僧洪遵」。雖然僧人有重名的可能性，但「洪遵」這個名字在僧人名字中比較少見，結合時間、活動範圍、影響力和地位分析，萬佛山神遊洞內洪遵題記裏的洪遵，可以認定就是本文所談的洪遵。在前面引導供養人禮佛的僧

---

〔註11〕 （唐）道宣撰，郭紹林點校：《續高僧傳》，北京：中華書局，2014 年，663 頁。

〔註12〕 （北魏）酈道元著，陳橋驛校證：《水經注校證》，北京：中華書局，2013 年，212 頁。

〔註13〕 王東：《白鹿山北齊殘碑考述》，《焦作大學學報》，2016 年第 4 期，第 41～56 頁。

〔註14〕 （北宋）李昉等編纂，夏劍欽等校點：《太平御覽》，石家莊：河北教育出版社，1994 年，第 346 頁。

〔註15〕 （北魏）酈道元著，陳橋驛校證：《水經注校證》，北京：中華書局，2013 年，214 頁。

人，應該就是石窟主洪遵。萬佛山石窟規模較大，除了神遊洞外，還有鑼鼓洞、蓮花洞，雙窟，以及高達 5 米的釋迦立像龕，開鑿這樣的石窟，沒有一定影響力的法師，是難以做到的。我們認為，位於洛陽黃河北不遠的吉利區吉利鄉柴河村的萬佛山石窟所在地，就是洪遵法師修習禪定十年的地方。如果我們推斷不錯，那麼萬佛山石窟，就是洪遵法師籌劃和建造的，否則不會用「石窟主」這樣的稱呼（按：洛陽周邊的小石窟，「石窟主」都是籌劃和建造人）。由於洪遵法師修習禪定的時間是在北齊時期，我們就把萬佛山石窟的雕鑿年代定為北齊。

　　萬佛山石窟位於黃河以北的吉利區，屬於洛陽在黃河北的一塊飛地，原屬於焦作孟州管轄，因國家在當地規劃建設煉油廠，1982 年將之劃歸洛陽，設立吉利區。萬佛山石窟群坐北朝南，東西排列，開鑿在一片山谷的北壁崖面上，西端下沉 10 米，是柴河（也稱湛河）故道，現建有柴河水庫。萬佛山石窟命運多舛，其石質為黃沙岩，本來就易於風化，眾多的題記至今能辨識的，就只

有神遊洞的石窟主洪遵題記。明清時期，該地被稱為「打石凹」，就有民眾常年在此取石；國家修建焦枝鐵路期間，民工用炸藥開山取石，有中心柱的鑼鼓洞被炸塌，僅留半截中心柱；神遊洞四周山石都被採完，獨立於原地；高達 5 米的釋迦立佛龕也被炸斷，其他蓮花洞、雙窟的窟頂也被鑿破，碎石曾將整個石窟掩埋。所幸 1992 年春，柴河村民委員會組織村民對石窟進行了清理，將窟頂的窟窿補住，將炸斷的立佛重新立起。由於宿白、溫玉成等專家調研萬佛山石窟時，擁有「洪遵題記」的「神遊洞」還掩埋在碎石之下（按：現在萬佛山石窟也只發現這一則題記，其他題記都已經完全無法辨識），所以致使這一重要題記長期不為人知。近年此洞被清理出來，也使得這一題記重見天日。

萬佛山石窟的斷代，前人已有論及。宿白先生曾在 1986 年 4 月考察過萬佛山石窟，當時，石窟尚被碎石掩蓋，能夠觀看的也僅就蓮花洞一處。他根據洞內文殊、維摩對坐於正壁主佛兩側的配置等，比照龍門石窟中與此相近的情況，將該窟定為北魏孝明帝前期及以前。〔註16〕由於宿白先生在石窟寺考古方面的權威地位，此一結論之後幾為定論，學者論及萬佛山石窟，就將之直接斷為北魏或北魏孝明帝時期。〔註17〕但是，宿白先生的結論僅僅是就蓮花洞一個窟而言的，他當時也只看到了一個窟。況且，宿白先生也沒有肯定他的斷代無誤，他只是說，根據類型比較，可能是北魏明帝前期之前。尤其應該注意的是，宿白先生他在與日本教授長廣敏雄的辯論中，著重強調，在類型比較和題記的重要性方面，應該堅持題記和文獻記載優先的原則。他的原話是這樣說的：「我們認為作為歷史考古學研究對象的雲岡雕刻，無論『樣式論』『雕刻論』如何重要，但排比它們的年代和解釋它們的變化，卻有賴於第二（即題記）、第三（即文獻資料）。第四項即前人的研究成果，前人的研究成果當然要吸取，但每當新資料被發現後，必然要對以前的研究進行覆查，這應是學術前進的共同道路。」〔註18〕所以，我們相信，宿白先生如果看到「石窟主比丘僧洪遵」的題記，會修改他的看法。至於宿白先生所提及的文殊維摩的位置與北魏龍門龕相近等問題，我們認為是繼承傳統所致。

---

〔註16〕 宿白：《中國石窟寺研究》，北京：生活・讀書・新知三聯書店，2019 年，第198 頁。
〔註17〕 楊超傑：《洛陽周圍小石窟全錄（第三卷）》，北京：外文出版社，2010 年，第3 頁。
〔註18〕 宿白：《中國石窟寺研究》，北京：生活・讀書・新知三聯書店，2019 年，第116 頁。

我們注意到，萬佛山石窟供養人所戴的帽子，與龍門和鞏縣石窟禮佛圖中貴族所戴的帽子不同。上圖是萬佛山石窟供養人所戴的細高冠，與龍門石窟和鞏縣大力山石窟供養人所戴的漆紗籠冠不同。（見下圖）估計是因為龍門石窟和鞏縣石窟的造窟者為朝中重臣的緣故，龍門賓陽中洞的建造人為中常侍劉騰，鞏縣石窟的建造者為著名的滎陽鄭氏家族，故而跟隨在皇帝身後的大貴族都頭戴著象徵身份的漆紗籠冠（如下圖）：

因此萬佛山石窟的供養人，可能只是中低級士紳，他們所戴的細高帽，在洛陽北魏永寧寺遺址中有出土，其主人為「侍從」類官員（如下圖，中國社會科學院考古研究所洛陽館藏）：

　　從而我們知道，在洪遵法師到禪林修習禪定，其供養人就是這些頭戴高帽的中下級官員和士紳。這個估計，與洛陽周邊地區多個類似的中小石窟的供養人身份基本相符。

## 三、從萬佛山石窟看洪遵律師的信仰狀況

　　洪遵法師為「石窟主」，根據洛陽周邊其他中小石窟中「石窟主」的情況，萬佛山石窟應視為根據洪遵法師的規劃和要求而建，故而也較為全面地反映了其信仰狀況。通過對於萬佛山石窟的分析，我們可以獲得洪遵法師早年的大量資料。以神遊洞為例，這裡有洪遵法師的題記。洞口高 115 釐米，寬 78 釐米，過道深 36 釐米；洞內高 176 釐米，進深 185 釐米，寬 162 釐米。剛好夠一個人在裏面禪定與活動，應該屬於洪遵法師禪定所用的禪定窟，也即毗訶羅窟。裏面的造像題材是豎三世佛，正壁釋迦佛結跏趺坐，高 79 釐米，風化非常嚴重，僅能看出輪廓。東西二壁則為善跏趺坐的過去世燃燈佛與未來世彌勒佛，均有菩薩侍立兩側。尤其引人注目的是，主尊釋迦佛右側下方，有一妖豔的女子，赤裸著身體，坐在一個小凳子上，右腿駐地，左腿盤壓在右側膝蓋上，左手伸出，正去拉拽佛之袈裟。此景所講的主題正是「釋迦佛收服庵摩羅女」的故事。庵摩羅女是吠舍離城中的高級妓女，十分富有，善於利用自己的美色迷惑各種修行者。一日，庵摩羅女聽說釋迦佛在修行，便去試圖誘惑他，不料釋迦佛不為所動，反而向庵摩羅女講法，成功使其摒棄驕蠻和縱慾，成為佛的弟子。如前所述，洪遵法師去歸山靜修的時候，也就是二十多歲，這個年齡，最難對治的就是性慾。因而「釋迦佛收復庵摩羅女」的故事題材出現於有洪遵題記的毗訶羅窟，使我們可以揣知年輕的洪遵法師「心使未靜」的原因，以及他禪定主要對治的內容。另外，洞口內上方，有維摩變相，左側為維摩詰，右

側為文殊菩薩，有二侍女、二比丘在聆聽辯論，反應的可能是世俗供養人的維摩信仰。

神遊洞的東側，為同在下寺的鑼鼓洞，該洞原為中心柱窟，但窟已經被破壞，只留下半截中心柱，中心柱底邊長 190 釐米，殘高 145 釐米。主佛為釋迦佛，結跏趺坐，佛衣下部寬寬的褶皺鬆散疊壓。左右侍立有踩蓮臺的菩薩，佛座下有博山爐，左右各一添香的比丘。比丘的兩側是護法的獅子，獅子右腳抬起，與侍者向後飄起的衣角，共同反映了南朝藝術北上的影響。

再往東去，山勢上升一個高臺，進入東區。東區自西向東首先看到的是一露天而面朝東大佛龕，編號為上寺第 5 窟，造有高達 5 米的立佛，從周邊有千佛環繞看，此佛應為釋迦佛。值得注意的是，此佛面向東方而立。這種站立的釋迦巨像，顯然是來自於西域。距離此地不遠的洛陽屬縣新安縣西沃石窟，有北魏末年取經僧惠生參與建造的小型石窟寺，其中也有一尊 1.97 米的大立佛，也是位於石窟所在的崖壁的東邊。這種巨像，可能與《洛陽伽藍記》所記述的西行求經僧惠生所見釋迦立像有關：

> 從末城西行二十二里至捍摩城。城南十五里有一大寺，三百餘眾僧。有金像一軀，舉高丈六，儀容超絕，相好炳然，面恒東立，不肯西顧。父老傳云：「此像本從南方騰空而來，于闐國王親見禮拜，載像歸，中路夜宿，忽然不見。遣人尋之，還來本處。即起塔，封四百戶以供灑掃。戶人有患，以金箔貼像所患處，即得陰愈。」後人於像邊造丈六像者及諸像塔，乃至數千，懸彩幡蓋，亦有萬計。魏國之幡過半矣。幅上隸書，多雲太和十九年、景明二年、延昌二年。唯有一幅，觀其年號是姚興時幡。〔註19〕

此立佛如此靈驗，又「面向東方，不肯西顧」，經過宋雲和惠生的渲染，可能在洛陽引起供奉熱潮。從北魏作為東方大國的立場看來，此一「面向東方，不肯西顧」的大立佛，還有親中華，親東方的情感色彩，更易於為中國人接受。惠生在洛陽西部西沃石窟造此釋迦立佛像，相信影響也很大。洪遵法師距離惠生不管是時間還是空間都不遠，接此遺緒，雕鑿此大型釋迦立像，估計也是受此影響。

上寺第 1 窟第 2 窟為雙窟，內部造像主題相同，差別不大。主尊為三世佛，正壁為釋迦佛，右壁為燃燈佛，左壁為交腳彌勒佛。第 3 窟主題也是三世

---

〔註19〕（北魏）楊衒之：《洛陽伽藍記》//《大正藏》第 51 冊，第 1018 頁。

佛，但三尊主佛都結跏趺坐，都沒有交腳。相比而言，第 3 窟內容較之前者更為豐富：維摩與文殊對坐論法的場景再次出現在佛兩側，與下寺神遊洞的情況有些類似；三尊主佛身光和頭光外側環繞著 25 尊坐佛；尤其值得注意的是，正壁主佛周邊還有兩身螺髻的脅侍，與下寺鑼鼓洞主尊佛兩旁的螺髻侍者相同。螺髻侍者可能為大梵天與帝釋天，為護法天王。雕鑿如此多的三世佛像，一方面說明了這個僧團數量不少，由於禪定而需要這麼多像龕，另一方面也反映了洪遵法師有使佛法長存的末法危機意識。第 4 號窟主尊為禪定的釋迦佛，結跏趺坐，但造像並未完工。

## 小結

　　萬佛山石窟是洪遵法師親自選址和建造的，並得到了周邊眾多中下級士紳的支持。洪遵法師的人生經歷大致可分為五個階段。第一階段可稱為求學階段，主要在相州和少林寺求學。第二階段就是在吉利萬佛山修建石窟，修習禪定。這十年的蟄居，為他贏得了巨大的聲譽。《高僧傳》記載他禪居十年後：「四遠望風，堂盈千計，時為榮大也。」〔註20〕這才能為朝廷所注意，拔擢為「斷事沙門」。他作為斷事沙門的數年時間，應該是他人生的第三個階段。北齊滅亡後，北周的滅法運動延伸到北齊境內，洪遵法師被迫隱居於汲郡白鹿岩，這是他人生的第四個階段。隋朝建立後，隋文帝大興佛法，洪遵被朝廷選為六大德之一，入住大興善寺，以及之後在首都大興城弘傳《四分律》，大獲成功。這是他人生的第五個階段。這五個階段中，其隱居修禪的地點的明確，對我們以後研究洪遵律師早年的修法很有幫助。

---

〔註20〕　（唐）道宣撰，郭紹林點校：《續高僧傳》，北京：中華書局，2014 年，839 頁。

# 第五十五章　北魏孝文帝建立的寺廟
## ——鞏義淨土寺

　　河南省鞏義市區東北的河洛鎮寺灣村有一處遠近聞名的中型石窟群，因處於邙嶺之下的大力山下，稱為「大力山石窟」。該石窟坐落在黃河南岸、伊洛河北岸，距離伊洛河入黃河交匯處不遠，那裏有黃河南岸著名的「小平津」渡口，而隋唐時期著名的洛口倉也在附近，在古代，這裡是南北交通的要道，商業繁榮，地理位置非常重要。

## 一、北魏孝文帝建立希玄寺

　　唐龍朔二年（662）的碑銘《後魏孝文帝故希玄寺之碑》記載，北魏孝文帝在此地建立了希玄寺：

「昔孝文帝發跡金山，途遙玉寨，彎柝弧而望月，控驥馬以追風，電轉伊瀍，云非鞏洛，爰止斯地，創建伽藍，年代已深……」

碑銘相距孝文帝時代一百多年，並不遙遠，加之寺內石窟中多處「普泰」的北魏年號的題記，寺廟也許比石窟稍微早些，記載是可信的。

大力山石窟「現存五窟（其中第 2 窟未經雕鑿即廢棄），三尊摩崖大象，一個千佛龕，328 個歷代造像龕，全寺總計造像 7743 尊，造像題記及其他銘刻 186 篇。」〔註1〕規模不小。

宿白認為：「第 1 窟開鑿年代最早，次為第 4 窟，兩窟的開鑿時間約與龍門魏字洞、普泰洞接近，即完工於胡太后被幽之前。第 5 窟、第 3 窟又次之，兩窟約當皇甫公窟迄路洞之間。」〔註2〕也就是說，該石窟所有的大工程都是在北魏晚期雕鑿的。

陳明達和安金槐都認為，大力山石窟開鑿於宣武帝元恪時代，理由是裏面有多幅精美的「帝后禮佛圖」，說明其與皇室關係緊密，而宣武帝元恪曾巡視「小平津」渡口，來過大力山，可能來禮過佛。因為龍門山岩石堅硬、開鑿不易就在賓陽中洞完成後，轉到比較容易雕鑿的大力山。〔註3〕但這種推測能否成立，可以討論。因為距離洛陽更近的龍門山還有很多可供雕鑿的崖面，而賓陽南洞和北洞還未完工，皇室似乎沒有必要因為這個理由就轉移造窟地點。我們認為，鞏義石窟是由駐紮在小平津渡口的軍官或行政官員雕鑿的，確實是為皇帝夫婦所建，所以有「帝后禮佛圖」。這與龍門石窟中皇甫公窟有「帝后禮佛圖」的情況相似，並非皇室營建，而是大臣皇甫度為皇室建的。在開鑿的時間上，宿白認為可能是胡太后執政時期建造的。陳明達認為：「第 1 窟、第 2 窟是為宣武帝及靈太后胡氏所造的雙窟，約開始於熙平二年（517），以後胡氏被幽隔永巷、第 2 窟即停工成為一個未完的窟。第 3、4 窟是為孝明帝所造的雙窟，開始於熙平二年或稍後，完成於孝昌末年（528）。」〔註4〕

〔註1〕河南省文物研究所編：《鞏縣石窟寺》（第二版），北京：文物出版社，2012 年 5 月，第 4 頁。

〔註2〕宿白：《中國石窟寺研究》，北京：生活·讀書·新知三聯書店，2019 年 1 月，第 192 頁。

〔註3〕河南省文物研究所編：《鞏縣石窟寺》（第二版），北京：文物出版社，2012 年 5 月，第 181 頁。

〔註4〕河南省文物研究所編：《鞏縣石窟寺》（第二版），北京：文物出版社，2012 年 5 月，第 189 頁。

　　普泰年間，天下大亂，貴族已經不能壟斷對大力山石窟的雕鑿，普通人也能夠大力山上開鑿石窟，就是我們現在能看到的那幾個北魏題記。

## 二、唐代龍朔年間改稱為「淨土寺」

　　北魏孝文帝所建的希玄寺，在北周宇文邕滅佛期間被毀滅。唐《重建淨土寺碑》記載：「周建德六年（577）廢。」「蓮宮基址籍沒於官」，土地被官府沒收，寺廟成為「野犬媱狐夜遊」之荒地。〔註5〕龍朔二年（662）的《後魏孝文帝故希玄寺之碑》的題名，說明當時此寺名還是「希玄寺」。當時，「近寺耆德總二十六人等，並心田澄，淨意樹清……遂罄家珍，飾拼靈剎……敬造阿彌陀像一軀。」這是北周滅佛後，唐代的第一次恢復重建。最遲到乾封一年（666）年所立的《重建淨土寺碑》，就已經稱「淨土寺」了。說明此寺改名「淨土寺」，就在公元662～666之間。這次重修，是由種士達、魏士樂、李吉威、蘇中生等主持的，由於與《後魏孝文帝故希玄寺之碑》相距僅有三四年，不知他們是否就是前者所說的「近寺耆德」，我們認為，這兩塊碑所講的重修，應該就是同一次重修活動。當時，淨土寺的僧人法秤十分活躍，在大力山上開鑿了六處造像，主題主要是釋迦像、優填王造釋迦像等，時間從龍朔三年（663）至咸亨元年（670），可能是當時的寺主或主要負責人之一。寺廟的改名，也應該就是他們的主意。

<hr />

〔註5〕河南省文物研究所編：《鞏縣石窟寺》（第二版），北京：文物出版社，2012年
　　　　5月，第274頁。

　　唐代中期，密教興盛一時，淨土寺也受到影響。開元十九年（731），「當寺上座僧」太初法師和寺主「智□」法師造《尊勝陀羅尼經幢》，保留至今。

　　唐代後期，有明演法師為淨土寺寺主。《唐大德演公塔銘》記載：明演是安陽湯陰縣人，幼年學儒，考取「明經」，寶應年間（762～763）「調濮州臨濮尉，後遷濮陽丞」，後悟到「萬法歸空，一身皆幻」，就決心出家為僧。剛好章敬皇后（唐肅宗李亨的皇后，濮陽人）忌辰，御史大夫王駕鶴奏請度僧，明演因與皇后是老鄉的關係得度為僧，出家在洛陽敬愛寺，受具足戒在嵩嶽寺。出家後，他四方探訪學習。興元初年（784），他「延長定覺，念定舍郂」專心於禪定。七八年間，雖然「龍象麟萃，冠蓋雲集」，但「得其門者或寡矣」。於是他於公元 792 年才到鞏縣淨土寺，受到縣令李閜泉夫人吳郡張氏的信奉和皈依，於是就留在淨土寺做了寺主。在這裡他收到了不少弟子。貞元十七年（801）寂滅，享年 69 歲，僧臘 33 年。從碑文的介紹看，明演法師沒有什麼特定的宗派，他主要是修禪定（「念定舍郂」）。

　　唐朝末年，黃巢起義席卷全國，但由於疏於根據地建設，被唐軍逐漸擊破。唐僖宗中和二年（882），唐軍反攻，將黃巢軍隊包圍在長安。鞏義淨土寺，剛好就位於大軍經行的幹道上，882 年正月，有人在寺廟中立了「毗沙門天王像」，並立《唐淨土寺毗沙門天王碑》紀念。

## 三、宋代「淨土寺」曾為弘揚唯識、律學的道場

　　《宋淨土寺住持寶月碑銘》給我們介紹了寶月法師在淨土寺弘揚唯識的事情。寶月法師出生於大中祥符二年（1009），法名惠深，俗姓楊氏，趙州柏鄉人，七歲在邢州龍華院禮宗舜法師出家為沙彌，真宗天禧年間（1017～1022）剃染。「聞譚法師講百法論，往依止焉，專精問辯，未幾悟入。……又從隱法師，探惟識之奧隱，許以入室，遂代居法席，時年十七。」所以惠深法師對唯識學有較深的理解。他還「造慈氏聖像」「課慈氏尊名」，慈氏就是彌勒菩薩，被認為是唯識經典的源頭，唯識宗祖師玄奘和窺基，都是歸心彌勒淨土的。惠深造彌勒像刻彌勒名，說明他確是歸心於唯識學的。近年來，唯識學傳四世而亡的說法已經被學術界所否定。北宋早期，唯識學尚有傳習已經是不爭的事實，惠深法師的例子就明證之一。

　　但惠深法師並非專弘唯識，他也「兼通四分律」、《彌勒上生經》《盂蘭盆
經》等，「尤精菩薩戒經，曾為父祖「施四眾大乘淨戒七晝夜……自是律範精
潔，諸方宗仰。」嘉祐初年（1056）來洛陽，僧雲寶和「鞏之官屬、邑眾請住
淨土」，這才受請來到鞏義淨土寺。惠深法師來到淨土寺後，發心重修寺廟，
前後營建僧堂、廚房等二十八間，續建法堂及步廊總 200 間，羅漢洞四十二
間，裏面羅漢五百尊。金裝栴檀瑞像一軀，印經律論等經籍，總共花費「二千
八百五十餘萬」。

　　熙寧元年（1068）慈聖光獻皇后曹氏（1018 年～1079 年）請惠深法師入
宮懺悔。曹氏為仁宗皇后，出身名門，為宋初名將曹彬的孫女，無親生子女，
收養趙曙為養子，就是後來宋英宗。英宗繼位後，曹氏不願放權，和英宗關係
緊張。然而英宗早逝，神宗於熙寧元年即 1068 年登基，這時曹氏已經是太皇
太后，人生進入暮年，她請惠深法師入宮，主持懺悔，又賜予紫袍、佛像和「寶
月」的法號，熙寧二年（1069）同天節齋會，在開封飯僧二萬人，每人施捨袈
裟一條。惠深法師去泗上禮普照塔，太后曹氏也賜予金鉢和香以助緣。1073 年，
曹氏再賜予惠深的淨土寺銅鐘兩口，重六千斤。1075 年，曹氏在開寶寺崇因
閣辦佛事，邀請惠深入京參與。惠深還山時，太后聽說羅漢洞裏羅漢數目尚未
夠五百，就讓慶壽宮塑師真儀到淨土寺協助完成（「以足羅漢之數」）。慈聖太
后還曾令在淨土寺度僧一名，因英宗皇帝駕崩而未能實現。綜上可知，慈聖太
后可能是惠深法師的皈依弟子。

　　神宗皇帝曾下劄子，鑒於惠深法師年事已高，來往京師不便，特許他在同
天節齋會期間，乘坐轎子進京。元豐七年（1084）惠深圓寂。享年 75 歲，僧

臘 66 歲。宣仁聖烈皇后高氏（1032 年～1093 年）賜予絹五十四。高氏為英宗皇后。惠深法師弟子眾多，有淨惠等五十三人稟大戒（律學），宗裕等四十八人專攻經論，成為名僧（唯識），義詮等三十二人專心法會佛事。皈依弟子三十餘萬。

## 四、金代淨土寺「破律為禪」

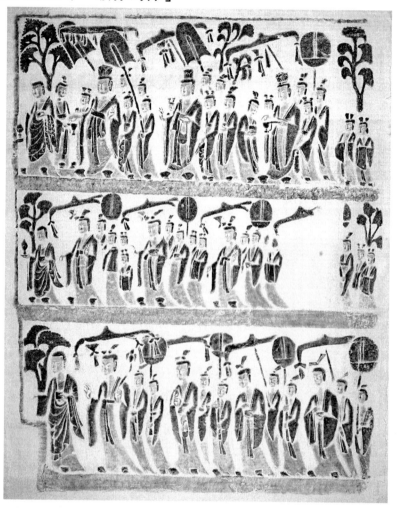

金代淨土寺規模不小，見於大定十九年（1179）題刻的有「副寺僧淨湛、知庫僧覺照、維那僧景懷、西堂副住持清璨、監寺僧善誠」等，分工明確，還有「西堂」，說明寺裏已經分派。明代《重修大力山石窟十方禪寺記》也透露出了一點金代的信息：「實為律寺，延迄興定三年（1219）府命長老深公祝壽主之。……乃破律更為禪。」可見，宋代惠深法師所傳的唯識學到了金代已經

無人繼承，只有律學還有傳承。但到了金宣宗興定三年，深公到來，才改為禪宗寺廟。興定五年（1221）有的有住持祖昭法師，侍者至悅法師。祖昭法師具體情況不詳，可能是深公的弟子。

## 五、明清時期的淨土寺

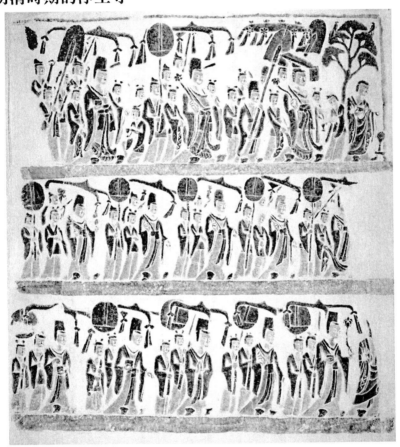

明代《重修大力山石窟十方禪寺記》提到淨土寺「歷皇宋大元，率皆崇盛有跡。」可知元代寺院還是比較興盛的，因缺少資料，無從談起。

成化甲辰年（1484）大旱，「山泉光竭，草木焦枯，人相食而僧流移，寺之存者，唯石窟爾。」縣南有普安寺僧美鏡法師，是本縣神堤村人，發心重建淨土寺，自成化丙午春（1486）開始，建成大雄寶殿、伽藍殿、祖師殿、齋堂、藏經閣、廚房，到弘治甲寅（1494）冬結束，前後歷時八年半。

明代的重修，到了清代，「歷年既久，寶樹凋殘，僧伽星散，缽池經閣，皆蒿萊荊棘也，鼓院鐘樓，皆瓦礫榛蕪也。」住持明慶法師在「山主」蘇厚祿、

白心恪、王常賀的支持下，建成大殿、鐘鼓樓、配殿、山門，又配備了法器幡幢，面貌煥然一新。現存石窟前的木構建築為清同治年間所修。

# 後　記

　　河南佛教是中國佛教的重鎮，歷史上高僧雲集，他們在河南弘法、翻經、建寺，留下無數神奇的故事和傳說，承載這些故事與傳說的主體就是古寺廟。為了讓人們瞭解這些著名寺院的歷史與過去，瞭解河南佛寺的整體面貌，我先後申請了「洛陽佛教資源的研究、開發與利用（2013 年）」、「河南古寺廟的研究、利用與保護（2014 年）」「洛陽屬縣佛寺研究（2015 年）」「洛陽佛教寺廟（2017 年）」等幾個地廳級項目，均順利結項。在做這些課題期間，因各種因緣而走訪各地寺廟，也頗有收穫，於是集結為《河南佛教寺廟》。

　　本書從 2012 年到 2023 年，醞釀了 12 年才寫成。主要原因是，本書所寫的寺廟，除了個別有名的大寺外，多數寺廟均找不到任何現成文獻，只有去寺廟制作碑刻拓片。但有些寺廟僧人並不歡迎去打拓片，所以很多寺廟由於收集資料困難，不得不暫時放棄。洛陽由於地理優勢，人脈相對較熟，故寫的多些，其他地方的寺廟則只能介紹名氣大的，其他的只有等待以後的緣分。雖然存在頗多遺憾，但本書是第一本較為全面地介紹河南佛寺的專業類書籍，填補了這方面的空白，有一定參考價值，也有利於加強公眾對這些著名寺院的瞭解。故而本書是「因緣而成」，頗為不易。現在學術評價，論文遠高於專著，論文中為了追求創新性，諸如「蟋蟀戰鬥力」等「偏、怪、難」的主題受歡迎，諸如「佛教寺廟」之類的題目被認為是「普及」類的，在學術評價中位於末端，彷彿「綜合呈現」就沒有創新一樣，做這個工作真是需要勇氣的。但讓人民瞭解河南佛寺的基本面貌和歷史，是重要的，也是人民的需要，所以我才願意花費十多年時間去寫這麼樣一本書。鄭州居士群的群主孫友貴居士，對河南佛寺非

常熟悉，經常陪我一起走訪佛寺，在此向他表示感謝！也向一切為本書提供資料的朋友們表示感謝！

　　本書雖然醞釀時間頗久，獲得眾多領導，前輩、同事的幫助，但由於本人水平有限，錯誤在所難免。希望方家批評指正，本人一定虛心修改，完善提高。

　　由於種種原因，2022 年本人調動至鞍山師範學院工作，本書的出版，得到了鞍山師範學院博士科研啟動項目「玄奘與洛陽關係研究」（項目號「23b12」）的支持，也是本項目的前期研究成果，在此表示感謝！寫作此書期間，耽擱了對家人和孩子相處的時間，對家人和孩子也表示感謝！

鞍山師範學院思政系　　王宏濤

2023 年 3 月 18 日